明公啟示錄

解密 維摩詰經

的大乘佛法實踐道 ❷

——從弟子品看小乘到大乘的修行方法

范明公 著

【目錄 Contents】

前言

《維摩詰經》的框架體系及概況

《維摩詰經》，全名為《維摩詰所說經》，以後秦鳩摩羅什所譯版本較為盛行，共三卷十四品。在進入經文前，先來了解其背景及經文架構。

依佛經分類三大部分

《維摩詰經》是中華佛教史上一部著名的經典,對中國佛教史影響非常巨大。它一共有三卷,計十四品,字數為33,236個字。目前《維摩詰經》流傳有七個版本,其中流通最廣且影響力最大是中國姚秦時代,由三藏法師鳩摩羅什所翻譯的版本,也是這本書所依據講解的版本。

《維摩詰經》分三卷,按照佛經的分類,可分為三個部分:

第一部分「序分」:序分就像一個前提,即為什麼講這部經?主題是什麼?它主要講述法會的緣起。

第二部分「正宗分」:第二品到第十二品是正宗分,是《維摩詰經》的主幹部分。

第三部分「流通分」:第十三和十四品是流通分,即流通這部經典的功德所在,盛讚受持宏傳這部經典。

在學習經文前，先瞭解這十四品的大意，這是研讀經典的學習方法：第一步先對經典建立一個框架體系，清晰經文的脈絡後，再進一步分解成局部，深入學習經義。

先瞭解一至十二品的主要內容

《維摩詰經》第一品是佛國品，講述釋迦牟尼佛和弟子的相聚，緣起是由寶積長者子請佛與大眾講說諸菩薩淨土之行，以此揭開法會的序幕。這一品交代清楚了《維摩詰經》的來由：時間地點、由何人緣起、由何人發問、所問何事、何為主題等。

第二品是方便品，講述釋迦牟尼佛解答諸菩薩淨土之行時，是以維摩詰居士問疾為例，以此為大眾方便示教：事件的由來是以維摩詰居士幻化自己身體有病痛（這是一個方便法），國王、大臣、長者、居士們前去維摩詰的居所問候，維摩詰居士以此為機緣廣為說法。這裡需說明一點，維摩詰是真的生病了嗎？非也，他是因緣所需，幻化自己身體有病狀，趁大家來看他的時候方便說法而已。

《維摩詰經》的鳩摩羅什版本介紹

前文提到《維摩詰經》在中國流行有七個版本，其中影響最大的是我們現在要學的版本——姚秦鳩摩羅什的譯本。鳩摩羅什譯成中文為「童壽」，於西元三四四年出生，西元的四一三年去世，距離現在1700年左右，是一位非常傳奇的人物。他是歷史上最富盛名的譯經家，與玄奘、真諦、義淨等併列為中國佛教史上四大最有名的譯經家之一。

歷史上很多的重要的經典都是鳩摩羅什翻譯的，他把梵文的經典翻譯成中文，這非常重要。據史料記載，鳩摩羅什是西域龜茲國人，在現今新疆庫車一帶，他的母親非常信奉佛法，他7歲時隨母親出家，最早是修習小乘佛法的，後來改修大乘佛法。

鳩摩羅什聲名遠播，五胡十六國的前秦苻堅曾經為了把他搶回來，專門派手下大將呂光攻打龜茲國，但是後面苻堅被殺，於是呂光割據了涼州自立為涼王，把羅什留在涼州16、7年。後來，後秦的姚興攻克了涼州，才把羅什給帶到了長安，並被姚興推舉為國師，住在逍遙園。那時起，鳩摩羅什開始廣招弟子，大規模的譯經、傳法，當時弟子眾多，號稱有三千弟子，其中道生、僧肇等中國著名的佛教思想家均為其弟子。

鳩摩羅什所譯經典眾多，其中對中觀學派的傳譯最為系統，也是最重要的一套經典。這一版本的《維摩詰經》，是他所譯經典中有名代表作之一。鳩摩羅什譯經的文學造詣相當高，不僅在數量上無人匹敵，且譯文義理圓通、文體順暢，極受當時及後世人推崇，在中土大地廣為流傳，可謂功高至偉。

　　第三品是弟子品，國王、大臣們、道長都去看望維摩詰，佛祖也派座下弟子（佛教的僧梵）去看維摩詰，派哪位去呢？釋迦牟尼佛祖想派聲聞乘的弟子（舍利弗、大目犍連，大伽葉）去探視維摩詰居士。但這些弟子們都不敢去，為何？這一品裡詳細講述了聲聞乘弟子們在修小乘境界和方法過程中，曾經遭遇維摩詰居士的呵斥，及如何被呵斥。所以這些弟子們覺得境界不及維摩詰，不敢去探視。

　　第四品是菩薩品，聲聞乘的弟子不敢去，佛祖又選哪位去呢？於是選大乘的菩薩，比如彌勒，光嚴童子等大乘菩薩，然而這等大乘菩薩也覺得自己道行、境界遠遠不及維摩詰居士，也不敢代表佛祖前去問疾。這一品詳細講述這幾位大菩薩具體哪些修行境界不如維摩詰。這裡所說的維摩詰問疾，僅僅是一個事件，借由這個事件引發了很多關於修行境界（包括修行方法的高低）的闡述。

　　第五品是文殊師利問疾品，前面聲聞乘弟子和大乘菩薩都不敢去，於是佛祖就命大乘菩薩中智慧的代表——文殊師利菩薩（即文殊師利法王子菩薩）前去，

並通過他帶領著眾聲聞及大乘菩薩去探視維摩詰，在維摩詰的住所，與維摩詰居士反復論法。這一品深入地闡明：什麼是空？什麼是菩薩行？……等等的大乘經義，這是《維摩詰經》裡很重要的一品。

第六品是不可思議品，講述維摩詰居士通過示現神通來宣揚大乘佛法，他講述的大乘佛法既寬廣又注重細微，即「廣與窄」的相容，同時也是「久和暫」互攝（相互統攝或統領），也就說一個是在空間（廣／窄），一個是在時間（久／暫）的狀態下相通相融。真正的大乘佛法在空間的概念上，並無廣窄之分（即沒有大小的概念），它是相容的；在時間方面，沒有長久或者短暫的，它是互攝。因此維摩詰居士通過神通的顯示及展示，向大眾的展示須彌納芥子（這裡講的就是大小，芥子與須彌是經義裡形容物質最小和最大的兩個單位）、七日含一劫（這是時間），像這樣不可思議的解脫法門。這裡講的並非維摩詰居士自己一個人修行到了這個境界，而是整個大乘佛教修行的經義，他展示的是在時間和空間上的不可思議，所以《維摩詰經》還有一個名字叫做「不可思議經」，第六品即不可思議品。

　　第七品是觀眾生品，講述維摩詰居士和文殊菩薩在論辯——應如何觀察眾生的現象。其中一段是天女和舍利弗來論辯男女的身相，是真是假、存不存在、是空還是有？這裡告訴大眾，在修習大乘佛法的境界以及修行方法上，要注意「男女不定相，眾生如夢幻」這個理。這一段有針對性地破除小乘修行者對法的執著，這是第七品的主要目的。

　　第八品是佛道品，這一品圍繞維摩詰居士和文殊師利法王子菩薩對論的兩個主題展開：第一個主題是「云何通達佛道」，第二個主題是「何等為如來種」。即講述如何成佛？如何通達佛道？什麼才是成佛的正路？主要闡明兩個觀點：眾生身即是如來種，行於非道是為通達佛道（這是《維摩詰經》兩大畫龍點睛之觀點其中之一），就是入世即出世的大乘菩薩法門，這一點對中國佛教後續的發展，即漢唐以後佛教的發展有非常重大的影響，這是入世法門，意即入世即是出世。

　　第九品是入不二法門品，這一品是維摩詰居士、文殊師利法王子菩薩和法自在等菩薩一起討論「何等是菩薩入不二法門」。這個話題是法自在菩薩們引起的，

以消除「因我而有我所」所對待並非真入不二法門。這段經文還有延伸出一句名言即「文殊無言，淨名杜口」，流傳特別廣泛，只有達到這個境界才能切合釋迦靈山拈花，伽葉微笑之心傳。這一段講述不二法門的觀點，直接影響到後世諸多中華佛教流派的開創以及傳承。例如禪宗，入世即出世及不二法門的主要思想，都是受《維摩詰經》的影響。

第十品是香積佛品，這一品講述維摩詰居士運用神通的力量，派遣化身菩薩到眾香國取回香飯；同時給大家講述眾香國裡諸菩薩對娑婆世界由鄙視到讚嘆的轉變，通過這樣的神通功能顯化，告訴修大乘佛法之眾生，必須得有悲心和捨心（即與眾生同甘苦共患難的無限悲心及捨己利他的捨心）。

第十一品是菩薩行品，這一品講述香積佛國的諸菩薩來娑婆世界向釋迦牟尼佛祖問法，演繹出大菩薩們修盡和無盡兩種法門時的真諦是什麼？揭示的是對「盡」和「無盡」這兩個法門的修為認知，大乘菩薩應當「不住世間，不離世間」，還有「地獄不空，誓不成佛」。那麼，什麼是不住世間又不離世間？什麼是「地

獄不空，誓不成佛」？其實來自非常有名的大菩薩——地藏王菩薩，其理論觀點就是從《維摩詰經》裡而來。

　　第十二品是見阿閦佛品，講述維摩詰居士以如是觀身實相來回答佛的問題，主題是「何等觀如來」，以無沒生來回答舍利弗問，這裡「無沒生」是要告訴一切修行的大眾，一切諸法如同夢幻。透過佛告訴舍利弗說：維摩詰居士看似居士，其實他是從清淨之妙喜國來此娑婆世界的大菩薩。「大乘菩薩雖生不淨佛土，為化眾生，而不與愚暗而共合」，表示大乘菩薩們有時候也會化生到不淨的佛土，例如化生娑婆世界，他為什麼來？要知道清淨之妙喜國是非常清淨的，所以他雖然來到了娑婆世界，但是不受娑婆世界的汙染，一樣能保持清淨、純粹、純潔，保有妙喜國的主體而不改變。

　　以上第二到十二品，講述的是《維摩詰經》主要的觀點、話題及詳細的解答，這是整部經文的主體。

第十三及十四品講述如何流通經文做功德

　　第十三品是供養品，也就是進入流通分。這一品講述釋迦牟尼佛為天帝解說此經的功德。這裡講到最上法的供養，即「依義不依語，依智不依識；依了義經不

依不了義經；依法不依人」，以此信解受持此經，能掌
握了以上幾點原則就是以最上法供養如來，即功德最大
的供養。這是第十三品中最重要的，以此告訴眾人如何
學習經典。

第十四品是囑累品，這一品講佛祖以佛法來囑咐
彌勒菩薩，令其廣為流通、傳播，藉由釋迦牟尼佛祖的
口來點出此經的經名，這是最後一品。

以上是《維摩詰經》的整體框架。

《維摩詰經》的重要性及闡述的觀點

事實上，如前所提及《維摩詰經》的重要性，主
要在以下二點：

第一：《維摩詰經》裡面的論點和主題是眾人修
行大乘佛法的方法及修行境界的最佳指導，是修行大乘
佛法和小乘佛法的區別。

第二：如何修行大乘的佛法才能走上一條成佛大
道。

這些在《維摩詰經》裡講得非常透徹。

從思想、義理這個方面來講，整部《維摩詰經》
有兩個最重要的觀點：第一個是「菩薩欲得淨土，當淨

其心，隨其心淨，則佛土淨」；第二個是「菩薩行於非道，是為通達佛道」，這是畫龍點睛之筆。

第一個觀點即唯心淨土，是大乘佛教的基本思想，唯心淨土在不少的經典中都有涉及，但只有《維摩詰經》裡講述最直截了當，最生動透徹，它對中國的佛教——天台、華嚴、禪宗這幾個宗派的影響非常巨大。

第二個觀點即世間及出世間不二，不能把世間和出世間對立起來，它是不二的，即沒有差別，這裡主張出世就是入世，而這一點也是《維摩詰經》最重要的思想特點。

維摩詰居士，本身就是一個為化度眾生而出入世間的人，更甚者是他常在世間諸淫舍酒肆出入（淫舍即紅燈區、夜總會、妓院），天天聲色犬馬，天天喝酒吃肉，但他同時又能保持一塵不染的大悲菩薩。他為什麼要化身成這樣？給我們的感覺好像完全違反佛理、佛戒、佛律，其實他是用這種方式來告誡修行的眾生應該做到「隨所化生而取佛土」（這是經典文字），即心中不要有分別，再怎麼低劣的行業也是可以去修行——只要有眾生的地方，就有我大乘菩薩在，我用我的方法去救度他們，度化他們，這是一種出淤泥而不染，入世俗而度化眾生的精神。這樣出世又入世的精神對中國的佛

教產生了極其深刻的影響，把從前被供奉起來的佛教，且高高在上的地位給拉下來，拉回到眾生的尋常日用間，使佛教更加貼近現實生活，也才能深植於本土，更廣為流傳民間。

《維摩詰經》對中國佛教發展的影響

從《維摩詰經》整體上看，經義中的不二法門思想，對中國後期佛教的發展影響巨大，尤其是禪宗。不二法門的意思是不局限於外相、外在的形式，而注重以心印心，不立文字，這是佛法精髓的傳承。打破文字相，即是前文所說的「文殊無言，淨名杜口」，這是禪宗傳播的重要理論依據。

《維摩詰經》的影響不僅僅在宗教意義上，同時對中國文學發展、戲曲發展有著極其重大的影響：它濃厚的文學色彩，在文學、語言、文章結構堪稱一代佳作，從隋唐一直到明清，《維摩詰經》裡面的題材、故事（包括裡面的一些哲學思想），變成了文學體、詞賦戲曲。這是《維摩詰經》的一個特點。歷史上所有志文學史的人，無一不通達《維摩詰經》。歷史上很多詩人、畫家、文人墨士極力推崇《維摩詰經》。《維摩詰經》在文學上的造就堪稱妙筆生花。

　　以上，是整部《維摩詰經》的框架體系及概況，
下面我們將正式開講經義。

第一章

第三品弟子品(一)

揭示佛祖講經說法五大階段

佛祖講經說法四十九年，在這過程當中分成五個階段，
針對不同層次的受聽者，闡述學法修行的各個層次，
引領初學佛的眾生，從阿含經開始，進入修行之門。

第一節 第三品的緣起及主要內容講述

　　《維摩詰經》第三品取名為「弟子品」，主要講述釋迦牟尼佛派座下弟子們前去看望維摩詰居士，藉機開示弟子們的修行程度。

　　釋迦牟尼佛傳法四十九年，有十大最著名的弟子，每個弟子都有一項修得特別好，且具代表性，因此安排在第三品裡一一出現。但他們是怎麼出現的呢？原因是維摩詰示現 (註) 身患疾病，國王、大臣們、道長等都去看望維摩詰居士，釋迦牟尼佛也派座下弟子（佛教的僧梵）去看維摩詰，派哪位去呢？釋迦牟尼佛祖想派聲聞乘 (註) 的弟子（包含舍利弗、大目犍連，大伽葉）去探視維摩詰居士。但每個弟子都說自己修行境界有限，不能代表佛去問候維摩詰。其實，大家心裡都清楚是維摩詰示現有病，但他不是真的病了，而是藉機來說法。說法得有相應，層次境界不同的修行人是沒辦法在一起進行對話的，這也是一種謙虛的說法。因此十大弟子的意思是：「我們的修行還達不到維摩詰居士的境界，我可以去，但是不能代表佛祖去。」

　　弟子品內容很有意思，是以戲劇性的形式呈現，藉由維摩詰對佛祖的十大弟子平時修行過程加以指導，

以告訴眾生修行的境界及修行方法。第三品弟子品以「爾時，長者維摩詰自念：寢疾於床，世尊大慈，寧不垂湣？」開始，用戲劇性手法來講述：維摩詰根本不需要「我裝病躺在床上，釋迦牟尼佛派人來」，佛與佛之間心心相知，無須像凡人的想法一樣「我知道他想讓我派人去？」，這就是戲劇性──即「緣起」。

為什麼要做這樣一齣戲呢？所有的佛經裡，如《金剛經》都得講究緣起，必須先有一位弟子發問，佛才能解答，有了問題與解答才能形成一部經典；如果沒有緣起，佛是不會主動述說的。所以，第三品弟子品的緣起便是維摩詰居士自念 (註)，以上引發佛派哪個弟子前去問疾，於是有這麼多《維摩詰經》的示現。

為小乘和大乘做承上啟下串聯

因此在本書，依據講述內容將第三品切割成三大部分（分為上、中、下）；上的部分主要講述第三品弟

＊註：示現，一種修辭方法，利用想像力，將過去、未來、或無法親眼目睹的事物，憑藉文字的描述，呈現在讀者的面前，就稱為「示現修辭法」。
＊註：聲聞乘，即聽聞佛或佛弟子聲教，以四聖諦而得悟道，故稱聲聞。
＊註：自念，來自《地藏經》的「何況眾生，自稱自念」，指修行念佛法門的口訣是自念自聽，即以耳根聽清自己當下念佛的音聲。口念清楚，耳聽清楚，便暗合道妙（返聞聞自性，返念念自性），即可趨入念佛正道。

子品的緣起及中心主旨，引導讀者如何切入導讀比較容易理解。

　　然後依照《維摩詰經》第三品弟子品的實際內容區分為中及下的部分，前面（中）講述佛祖的十大弟子中的七大弟子在修行過程中，如何從小乘法度化到大乘法。這也是佛祖講經的特點──雖對方已有小乘修為，但佛祖卻要他們捨棄小乘，領入大乘，並趨向大乘佛法去修行。

　　經典裡，有很多的說法都是講述如何把小乘和大乘承上啟下，這也是《方等經》（此為大乘經之總稱）的意義所在，因此要讓眾生對小乘教法有一個體驗，然後再趨向於大乘。

　　為什麼要捨棄小乘？不是因為小乘不好，比如講《維摩詰經》法會前，弟子們已隨佛祖出家修行十幾年，對修習小乘教法已經很成熟，但佛祖認為弟子們還是要昇華，因此才讓維摩詰居士開示諸位弟子如何捨小乘趨向大乘。

　　以大迦葉、須菩提、大目犍連為例，當維摩詰跟他們講述大乘佛法，他們都感到非常震驚，因為這些內容是他們從來沒聽說過。為何？這表示他們當時還沒有到修到「無相法」（不是三界中的形相之法）的層次，

所以聽到這些內容才會深感震驚，而且認為做不到、修不成。

其實這三位弟子都已經達到了阿羅漢（註）的境界，應該具足福慧根性，再遇到維摩詰居士的點化，就可以大徹大悟，直接達到大乘菩薩道的境界，可見維摩詰居士對他們講法的時間早，甚至在言語中直接點明，只是那時候他們還無法理解，自然就不能更深的瞭解，於是才形成了《維摩詰經》。

《維摩詰經》是講給上上根的人聽

相較於大弟子修「無相法」，已是博碩士階段，一般人若是初學者，就必須從「有形處」起修，如布施、忍辱等的小學階段，先從這裡開始做起！因為修行不是一開始就能無形無相，如果連有形的布施都做不到，如何能做到無相的布施呢？

簡言之，如果現在都捨不得拿出一點身家去救濟窮人，救濟那些需要幫助的人們，那要如何進一步達到大乘菩薩的無相布施。

值得注意的是，趨向於大乘之際不可離開小乘，

＊註：阿羅漢，即初入聖者之流，這是聲聞功行最淺的第一果位。而獲得初果的聖者最多還在欲界的人，天趣中各受生七次便可以證阿羅漢果。

這是《維摩詰經》後半段經文的內容，尤其在優波離和維摩詰的對話部分便一清二楚。

從修行方面來講，其實就是本著一句話：「不執著於小乘，是不能捨得大乘。」進一步解釋是，修行一定要從小乘修起，小乘是基礎，基礎很重要，但是又不能過度執著。猶如，建立大樓時，地基非常重要，但在建立基礎時幾乎是看不見的。那麼如果把小乘基礎捨棄，等同於把深埋在地底下又深又厚的地基給捨掉。而在小乘基礎的上，建立起大廈高樓萬丈，便稱為「大乘」。

大乘是顯化於外的，小乘是自修、是自己的基礎。如中土眾生隋唐之後，天天誇講大乘，遠離小乘，貶低小乘，這些非正確之舉。如今，已經沒有人修小乘，大多數人天天想著「空虛、無我、無常」──這猶如空中樓閣，是沒有任何基礎的，此舉不可行！

第二節 佛祖依聽眾的不同層次說法

　　在講解《維摩詰經》第三品弟子品時，有許多人心生困惑：好像之前講的四聖諦、三無漏學、三十七道品等等都給破除掉了。如此一來又該如何修呢？以下將逐一解答。

第一階段：佛祖講述在禪定中的所見所感

　　釋迦牟尼佛祖在菩提樹下成佛，悟到了「正等正覺」，一直講經說法四十九年。其實在這四十九年過程中，釋迦牟尼佛祖講法分為幾個階段，而且層次各不同，所傳授的對象也完全不一樣。

　　佛祖在菩提樹下悟道後，第一期講法是針對弟子們講述，內容為他在禪定中的所見所感，形成經典的叫做《華嚴經》。

　　學佛的人都知道：「一切眾生，皆具如來智慧德相，但因妄想執著，不能證得」這句話，出自於《華嚴經》。主要告訴人們，要想大徹大悟、正等正覺很簡單，只要把執著和妄想放下，自然就能徹悟。

　　話雖簡單，聽者卻是茫然。聽不懂自然就完全不信，沒有人信，也沒人能懂。

　　佛祖發現這樣說法無法接引眾生嚮往佛道，因為他講的內容層次太高了，如同在天上，但在座下的弟子們都是在地上。佛祖深感在天與地之間是沒有階梯，無法起到接引的作用，因此開始由低往高一步一步地開講佛法，進入佛祖講法的第二個階段。

第二階段：離苦得樂，守戒律，修三十七道品

　　第二個階段是針對何人講呢？主要是給凡夫俗子講法，即佛祖的弟子們，當時弟子們都是初學佛法之人。佛祖一點點地告訴世人，這個世界是多維度的，而且，現在的人其實都在六道中不斷輪迴。哪六道呢？包含有地獄道、惡鬼道、畜生道（以上為三惡道）、人道、阿修羅道及天道（又稱三樂道），因此人們要先認清楚自己所在的位置，佛祖才能一步步地闡述這個多維度的境界，然後才能脫離六道，進入後面的色界、無色界，再往上是清淨的菩薩界，最終是佛祖的涅槃境界。

　　換句話說，佛祖在第二階段講法時，主要告訴世人身處在六道中是很苦的，如何能離苦得樂，首先要從六道中跳出來，就沒有痛苦了。由此衍生出——「離苦得樂」的四聖諦，主要針對普通人來講的，佛祖其實已經把高度放到最低來講法了。

　　苦，為何是苦？苦之因是什麼？應該如何能脫離苦？這就是對普通人講的，這稱之為「小乘」，也就是所謂的「小乘佛法」。在這個階段，佛祖講了四聖諦、三無漏學、八正道、三十七道品等開始教眾生如何斷煩惱、得清淨，而不被欲望所沾染。

　　同時，還有一個階段，這些弟子們透過對三無漏學、四聖諦、八正道的修持，一心想跳出三界外，想脫離欲界。經過多年修持，弟子便認為自己已經跳脫出來，覺得再也不會升到三惡趣而身陷其中受苦。這些弟子們採用什麼方法來跳離？他們以專注於打坐，癡迷於禪定，甚至有一些弟子行的是苦行，天天打坐。這便屬於第二個階段，因此佛祖在此階段所講的經典代表就是《阿含經》。

　　所以守戒律，修三十七道品，這是小乘佛法的傳播或傳授階段，但癡迷於禪定及打坐，在修四聖諦及三無漏學要悟「道」時，其實就已經有局限了。

　　因此釋迦牟尼佛祖又說，這樣的修行方式不對，天天癡迷於打坐，很容易導致神經衰弱，要從此階段裡破掉這個「相」。在修行的時候，好像是有定性，什麼都不想，一旦一起坐，煩惱一來，人就直接入定，這並

不是「不究竟」（註），它只是一個境界或一個階段。如果這樣繼續下去，便與「外道」無異，於是佛祖又開啟了下一階段的講法。

第三階段：破「我」，超越小乘遵從大乘

第二階段修得最高的阿羅漢果位，也就是到了阿羅漢的境界，只能破「小我」，接下來往上該如何修持？

所以釋迦牟尼佛祖在第三階段講述內容是，眾生發宏願，要當菩薩，不能執著於「小我」的修持，還得度化眾生，所謂的「自渡即是渡他」，簡單地說，幫助別人其實就是在幫自己，如同「推己及人」的意思，因此佛祖講述佛法要從自我／自身開始向大眾去推演，教化弟子要當菩薩。

佛祖把世界歸為一體，從單一個體出發，然後整個世界形成一體。「眾生即我，我即眾生，萬事萬物即是我，我即是萬事萬物。」世界是一體的，是一個整體。佛祖第三階段講法時，已由小乘佛法開始轉向大乘佛法，也由此啟發小乘人（也叫「二乘人」）破我執，要超越小乘，遵從大乘之心。

當佛祖把這個理論對弟子們講清楚後，弟子的眼

界、格局和心量，一下就放大了。而這些修成阿羅漢的弟子，發大乘菩薩願，修大乘菩薩道，以度化眾生為目標。佛祖在第三階段講述的經典，比如說《方等經》，又叫做《大乘諸經》，也是從第三階段開始傳播大乘佛法，一步步往上昇華的。

隨著菩薩們入世傳法、廣度眾生，在其修行過程中，遇到了修行瓶頸。這是什麼情況？即在「破小乘我執」的狀態下，又升起了「法執」，不執著於自身小我，卻又執著於眾生，著了普度眾生之相。

這是執著於什麼？大乘菩薩修持也要採行某一個具體的修行方法、修行法門，來廣渡眾生，於是他們升起了這個執著，稱之為「法執」。

在這個階段，還有一些大乘菩薩、修菩薩道者開始瞧不起小乘「法」，產生門戶之見、排他，又起了更大的分別。南傳的佛教，相較於泰國、緬甸等仍遵循的南傳佛教，叫做「小乘」；中土則是以大眾為主，稱之為「大乘」，其實有大小之別，指修「小乘」為「自了漢」，最高處只能修成阿羅漢境界，而尊稱「大乘菩薩道」則修成「大菩薩」。所以中國人拜的是菩薩，不拜

*註：究竟，指的是萬事萬物的本源，也就是佛性（眾生皆本自俱足的智慧德相）。不究竟，則用來形容般若智慧還沒達到最高境界。

阿羅漢，釋迦牟尼佛祖在世時，便有此現象出現，在第三個階段愈來愈嚴重。

第四階段：諸法皆空，真正的智慧發展

佛祖一看時機已經成熟，便開始第四個階段講法。這個階段主要以弟子呈現，比如須菩提尊者，聽眾是那些在第三階段修行有成的弟子，佛祖為他們開啟佛法中更深層次的奧祕，叫「諸法皆空」。

第四階段講到「諸法皆空」，這些人在想什麼呢？把大、小乘融於一體。意思是凡所有「相」皆是虛妄，包括無我相、無人相、無眾生相、無壽者相，若見諸相非相，則見如來。第四階段開始講般若大智慧，也是佛祖開啟了真正的智慧發展，真正涉及生命大智慧、生命的真相。

如何修般若大智慧，與眾生交往？既破「我執」，又能破掉「法執」？如何讓自己和整個宇宙真正融為一體？從這個階段開始，從大量的佛經、佛典著手，最典型的經典就是《金剛經》（金剛般若波羅蜜經），就是佛祖的第四階段講法，如同《維摩詰經》講的「一切皆空」，便是在講大乘菩薩道修行的經義——凡所有「相」皆是虛妄，皆「空」而萬有，「空」而「不空」。

要修它，必修無我相、無人相、無眾生相、無壽者相。

　　所謂「離相，則見諸佛」，以何種「相」見何種佛，這就是第四階段。在《維摩詰經》裡，第四階段的般若智慧是有層次的，而非前後相互矛盾。也就是說，所有真正想學佛的人，並不是一開始就學最高層次的，一定得先從小乘佛法修起，先從《阿含經》學，然後再學《方等經》。

　　每一個眾生的根性不同，或許有人修過小乘階段，也可能有人一生下來就直接從第四個階段來修，這都是有「大乘根性」，叫「上上根」。針對這一類人講佛，便不能從小乘的經典開始。

　　不過，這種般若智慧的經典，都是針對「上上根」的人講述，這一點是肯定無疑的。因此，就學佛的觀點，要先理清楚的是——自己是屬於小乘佛法的根性，還是大乘佛法的根性？

　　如果屬於小乘佛法的根性，便是初學的佛弟子（或叫佛學徒），不能從大乘境界開始學，即便天天念《金剛經》，學《維摩詰經》也是學不了的。如果是小乘根性者，應該從《阿含經》入門，先從「有形有相」開始學起，包括如何認知世界、六道輪迴、因果不昧等，

以及十善六度（註）這些具體方法、三十七道品等，一步一步地學，也就是「先樹立我執，再破我執」，然後破掉「我」以後，樹立「法執」，再破「法執」，最後才能達到「我執與法執皆空」、「凡所有相皆是虛妄」的境界。這是一步步修持，是有階段性的，但首先，要確認的是「你是何種根性何種境界」。

　　傳佛法真的太不容易了！釋迦牟尼佛祖也是在傳法四十九年間，慢慢摸索出來的。根據眾生的不同心性，不斷地改變教法。也因此，後人看佛祖傳下來的經典佛經，很多內容是相互矛盾，比如有的內容讓人必須戒掉貪、嗔、癡、慢、疑，有時必須得守著五大戒（註），有的經典卻示意要放下這些，連五逆重罪都不在乎，也無所謂。然而，人帶著五逆重罪之深都能成佛，如此說法給人的感覺會是什麼呢？矛盾之處無法闡述明義。事實上，透過《維摩詰經》一講，就會知道佛祖講法是針對不同對象的，是有階段性的。

＊註：十善即以不淨觀離貪欲，以慈悲觀離嗔恚，以因緣觀離愚癡，以誠實語離妄語，以和合語離兩舌，以愛語離惡口，以質直語離綺語，以救生離殺生，以布施離偷盜，以淨行離邪淫。六度指布施、持戒、忍辱、精進、禪定、般若。

＊註：五大之性質為堅、濕、軟、動、無礙；作用為持、攝、熟、長、不障。

第五階段：大昇華究竟涅槃之法

因此，當第四階段的般若大智慧傳開後，待時機成熟，佛祖才開啟最後一個階段的講法。在第五個階段講的是什麼？就是大昇華究竟涅槃之法，也叫「義法」、「究竟法」。這就是大圓滿法，也叫「大手印」，為最高境界。

其實，到了第五階段已經通達一切奧祕，圓融無礙，是針對大菩薩講的，要知道昇華至最高境界，若你不是大菩薩，是聽不了或是聽著也沒用。讓大菩薩證入佛境界，最終達到究竟涅槃，所以這時佛祖所講的代表經典是《法華經涅槃經》。

五個階段代表著佛祖講法傳法四十九年的脈絡，所謂「佛法無邊，廣渡有情」，它還是有基本脈絡的。那麼，人們要從哪部經典開始起修？佛開八萬四千種法門，該從哪個法門開始入？其實每一個法門都有大乘、小乘，所有的菩薩道到最後都會圓滿這個階段。要知道任何一個法門都有一個起修處，至於從哪開始起修？取決於自己的高度及自己所在的境界開始起修，並研究這個層面所相關的經典，對自己修行才會有幫助。

第三節 初學者修行入門從何開始？

人們統一修《金剛經》、《六祖壇經》、《維摩詰經》，或都走大乘菩薩道，這是不可行的，也是不可能的。因為修行是有階段性的，絕大多數初學者要從小乘經典起修，修好四聖諦、三無漏學，以及八正道等，這是因為絕大多人沒有阿羅漢的根性，連小乘佛法的修行階段都還沒畢業，更談不上進階修行大乘，天天講「空」、講「無我」，真的懂何為「空」？何為「無我」？甚至到要破「我執」時，卻連「我執」都沒立起來，要如何破呢？有人天天說：「我要捨得，我要放下。」問題是從來沒擁有過，要放下什麼呢？舉個例子：如果我擁有無盡的財富，再談：「我如何放下，如何捨」才有意義，否則一切都是空話。

初學者從「聲聞緣覺處」起修

又如關於「入定」的釋義，人們在現實生活中，應該即時在定，如果心完全靜不下來，又怎能在日常中領悟，或是在定中就能修四禪八定 (註)。對於打坐一個半小時、兩小時都坐不住的人來說，心都無法控制了要如何修無相境界呢？須注意的是，初學者只需要理解維

摩詰居士講的大乘佛理，可不能直接就照著修行，在沒根性／福報／智慧之下，初學者要從有形有相處著手，從「聲聞緣覺處」一點點地修，先從有形處修，從六度、十度 (註)，再修三無漏學、四聖諦、十二因緣、三十七道品，當修至「聲聞緣覺」境界時，再來看大乘菩薩道經典，屆時才是真的徹悟。

　　在修成那一天來臨前，說什麼都沒用，佛法講的再多也悟不出來。如有所悟說，一看大乘菩薩經典，就覺得自己懂——這不就是「空」嗎？我放下一切有形的東西，這樣悟出的叫「歪理邪話」，事實上根本是悟不出來。如果從佛理上就能感悟，「空」就能悟出來「無我」，能知道「無相」，「無人相無我相無眾生相，無壽者相。」，那便是狂禪，一點實修實證都沒有。自己在理上悟「空無我」，這叫「狂禪」，叫「寂滅禪」，有走向邪路、成魔的傾向。

　　這裡要再三提醒修行者，在修行時不要妄想一步

---

*註：佛教的四禪八定是色界四禪和無色界四定的合稱，即初禪、二禪、三禪、四禪、空無邊處定、識無邊處定、無所有處定、非想非非想處定。四禪八定是禪定的基礎。

*註：布施、持戒、忍辱、精進、禪定、般若，這是六度，再加方便、願、力、智四度，便成十度。

登天，因為你沒有資本，也沒有能力，一旦跨出去了，就是萬丈懸崖。

未知根性時從《阿含經》學習

修佛法也是如此，先拿起再放下，這叫做「昇華」。在講述《維摩詰經》，包括講《六祖壇經》或是講《金剛經》，這境界「高」大家都知道，也願意學的，但卻不見得適合每個人。為何？不論是《金剛經》、《六祖壇經》、《心經》，包括《維摩詰經》，這些佛書經典都不是一般人學的，也不是普通的學佛者學的，不應該學的東西就不應該學，連看都不應該看。坦白講，並非學得多就好，很多人在學般若智慧時，當他看到實相，很容易就走偏了，「空」、「無我」。人一旦開始「無我」，反而又把四聖諦、三無漏學都看「空」了，還沒全然掌握佛理，就先看「空」了，不就等同於什麼也沒學嗎？太多一味追求「高」的人，一開口說話的境界非常高，張口即是「空」，張口即是「無我」，張口即是「一切相皆是虛妄」，此舉不可行。所以在開始講解《維摩詰經》前，有些觀念必要先理清，建議初學佛道的眾生，在還不知道自己是屬於什麼根性的前提下，要先從《阿含經》學習，先瞭解六

道輪迴是怎麼回事。

　　另外，宇宙是一個多維度的空間，到底是如何構成的？因果又是怎麼一回事？先建立起「正性」。為什麼人生是苦？「戒定慧」是什麼？「八正道」是什麼？先理解清楚了，然後從這開始修。

　　所以說別怕打坐，別怕修善行，別怕自己在修六度的過程中「著相」。為什麼不要怕著相呢？因為不著相，怎麼破相呢？先把「先著正相」的「相」著了，先從粗劣處破邪相；先守戒，從打坐把身體定住，心才收得回來，然後才能說「心定住」，一步一步地修。用十善破十惡，用八正破八邪這樣從「有相處破有相」，當你把「正相」都樹立起來，再破掉「正相」，便能達到「見諸相皆是虛妄」。接著，便達到「般若」狀態。

　　先修自我，這個叫「阿羅漢行」，自我先修得相對圓滿／究竟，然後再由己及人，度化眾生，這個時候行的是「菩薩道」。菩薩道修行相對究竟圓滿以後，再把眾生相破掉——實無一眾生得度，這時叫做「破眾生相」，達到般若的大智慧，也才能領悟何為「空」、「空又含萬有」。

　　最終破了「我執」及「法執」，達到究竟的佛知見（指諸佛如來照見諸法實相妙理之知見慧解），才能

得佛涅槃狀態。基於此，建議最好從《阿含經》入門來學佛修行，因為那是最根本的基礎，是針對凡夫俗子所講述的。因為凡夫俗子生生世世都沒有小乘佛法的基礎，所以這一生也別想著要直入大乘佛法，畢竟像六祖惠能這樣的人，歷史上也就出現一個。因此修行者應從謙卑中來修，從小乘一步步地修，不要妄想一步登天。

　　在講述《維摩詰經》時，一定要在開始時就先把箇中原因說清楚，不然眾生會愈學愈狂妄，愈學愈空無，愈學愈困惑，愈學離四聖諦愈遠，到最後都不知道該如何做人！

第二章

第三品弟子品(二)

度化佛祖七弟子昇華至大乘佛法

針對佛祖座下七大弟子，包括舍利弗、大目犍連、大迦葉、須菩提、富樓那、迦旃延、阿那律等各自特性，點出其修行盲點，揭示修行境界、方法，指引眾位佛祖弟子從小乘羅漢修法，昇華至大乘佛法。

第一節　為舍利弗揭示禪定

　　佛知其意，即告舍利弗：「汝行詣維摩詰問疾。」舍利弗白佛言：「世尊！我不堪任詣彼問疾。所以者何？憶念我昔，曾於林中宴坐樹下，時維摩詰來謂我言：『唯，舍利弗！不必是坐，為宴坐也；夫宴坐者，不於三界現身意，是為宴坐；不起滅定而現諸威儀，是為宴坐；不捨道法而現凡夫事，是為宴坐；心不住內亦不在外，是為宴坐；於諸見不動，而修行三十七道品，是為宴坐；不斷煩惱而入涅槃，是為宴坐；若能如是坐者，佛所印可。』時我，世尊！聞說是語，默然而止，不能加報！故我不任詣彼問疾。」

　　【佛知其意，即告舍利弗】佛祖告訴舍利弗。舍利弗是佛的十大弟子之一，其為最聰明及智慧的，被稱為「智慧第一」。

　　【汝行詣維摩詰問疾】意思是，你代表我領眾弟子去維摩詰那裡問候一下。

【舍利弗白佛言：世尊！我不堪任詣彼問疾】
舍利弗卻跟佛祖說：我承擔不了這個重任。

【所以者何？】 為什麼呢？

【憶念我昔，曾於林中宴坐樹下】 舍利弗回想起以前，自己曾有一天在樹下。宴坐即坐禪的意思。一切智慧由「定」而生，「慧」和「定」是一體兩面，所以舍利弗才能智慧第一。舍利弗平時修行方法就是宴坐，從這一句我們能想像出一個場景——釋迦牟尼佛坐在菩提樹下大徹大悟成佛的畫面。舍利弗修行的「定」是如何修的？舍利弗跟師父學在樹下打坐，即身體在樹下打坐，希望能入甚深禪定，得大智慧。

【時維摩詰來謂我言】 就在這時，正好在維摩詰路過了，看見舍利弗在樹下打坐。

維摩詰對舍利弗解釋禪定的真義

【唯，舍利弗！不必是坐，為宴坐也】 維摩詰一上來就把舍利弗給喊醒，說道：「真正的禪定不是像你這樣的，你快醒過來，你在幹什麼呢？」本來舍利弗正

在安心正坐入定，結果維摩詰上來就呵斥他說：真正的
坐禪可不是這樣的！

【夫宴坐者，不於三界現身意，是為宴坐】這一
品是《維摩詰經》的精髓部分，透過維摩詰對佛的十大
弟子修行方法的呵斥和教育，說明真正的禪定，一定不
能拘於形式上的靜坐。

三界即是現實，現實中就是「有形有相」。身，
身形；意，修行的意識和意念。真正的禪坐不是拘泥於
身體形式上的靜坐，甚至連打坐修定、修習禪定智慧的
念頭都不應該有，這才是真正的禪坐。禪定禪坐難道不
是身正心安、思緒回收、不妄想，身體端正打坐嗎？維
摩詰為何要呵斥舍利弗說這種方法不對呢？在這裡，我
們要清楚其中的區別：打坐禪定是有境界的，境界沒有
對錯之分，只有境界高低之說，方法各有不同，不能說
誰對誰錯。

對維摩詰來說，他斥責舍利弗，以此教化和提高
舍利弗的境界。因為舍利弗這種安心正坐的「入定」是
在「求定」，在「求定」的狀態下，其實心是有所求，
心有所嚮往的，以此安心正坐求智慧，從根本上講，這
種求智慧就落入了兩邊——即得到智慧就是好的，得

定就能得智慧。當人一味地向著要智慧，就必須端身正坐，心才能安定下來，才能屏息外緣得智慧。見此，維摩詰居士就來告訴舍利弗，真正的禪定還有更高境界，那就是大乘菩薩道的修持方法。大乘菩薩道修定慧的方法是「定慧一體」。舍利弗這種修法是小乘羅漢修，佛的十大弟子最後都修到了羅漢果位，而維摩詰告訴他們該如何做才能昇華到大乘菩薩境界。

放下「法執」，向上昇華

　　《維摩詰經》第三品是維摩詰專門對佛的十大弟子的指導，要清楚地知道這是給已經達到阿羅漢境界的弟子們所做的指導，引導他們再向上昇華，放下所謂的法執。

　　何為法執？意指除「我」之外所有的一切，這叫做「法」，執著於這些，便叫做「法執」。對舍利弗等佛的十大弟子來說，他們一直在修行三無漏學、四無量心、三十七道品、六度、十度，而且修得相當好，達到阿羅漢果位，所以這裡講述的是維摩詰針對佛的十大弟子來提的修行指導。這裡還要提醒一下，學習《維摩詰經》時，要認清自己現在是處於何種境界。學習經典不能亂學，理解不能偏頗，要真正學習透徹，要知道維摩

詰居士說法的對象是誰，他此番對話是在對誰做指導。
然後，我們再看看自身是在什麼境界，在經裡尋找與自
身對應的屬於哪一類。

前面提到，先前來看望維摩詰的有很多類人，例
如國王、大夫、王子這一類或者是婆羅門數千人之一，
這些可能都是普通人，即便是現在修行中，也還沒走上
正路，還不知道何為修行，只是對修行感興趣而已。

如果是這一類人，就不要從第三品開始修，可以
從第二品來修，也就是從發阿耨多羅三藐三菩提心，然
後修三無漏學、四無量心、六度、三十七道品。

從有形的「戒」起修，達到身口意合一

這些有形的修法是可以起修的點。我們可以打
坐，因為要修四無量心，要修四念處，把心安在身受心
法上。為什麼要打坐？是因為對這個境界的「我」來
說，打坐讓身形端正，心才能安住下來；「我」的平時
狀態太隨意放縱了，心就跟著「我」的妄念不斷跑，那
麼該如何對治？在這種無法把身心束縛住的狀態下，得
先從三無漏學的「戒」起修，把心收回來。

從「身口意」開始戒，先從有形的「戒」開始：
不妄想，硬性地把心拉回來，放回我的「身」上；「

口」止住，惡口謊言妄語得戒住，不向外發洩；「意」
，控制住我的思慮和思維，不讓它亂想亂跑，硬性地把
它拉回來，達到「身口意」合一。

　　剛發心修行的人修四念處，必須從「有形」開始
修，才會有效，所以不能離開「有形」的修持。

　　這裡要特別提醒的是，尤其是剛發心修行的初地
菩薩，不能一聽到維摩詰對舍利弗的指導後，就跟著學
無形的修持，便想著不用打坐了，連要得到「定」的想
法都沒有，「我不能於三界現身意」這是不對的，更何
況現在還做不到這一點。這個修持是維摩詰針對舍利弗
已經修行到一定境界、要往上提高的狀態來說的，舍利
弗在「身口意、三不漏學、戒定慧、四無量心，三十七
道品」的修行有所成了，已經是人中智慧第一。但是，
一般人可沒有達到這種境界，得從「阿耨多羅三藐三
菩提心」開始，然後再從「戒定慧、三無漏學、四無量
心」一步步來，初地菩薩 (註) 必須得從「有形有相處」
開始修，打坐端正自己的身形，身正才能心正，做到
身正、口正、意正，這叫做「有形處」，這是一種束

＊註：初地菩薩，是指大乘佛教修菩薩道的修行者所要經歷的十個修行階段，
其中初地菩薩，是指第一階段的歡喜地，要能斷除了身見結、戒禁取結、疑
結，不再有執著恐怖、顛倒、夢想。

縛，這是「有相」。

「無相無形」從何來？得從「有相有形」來，我們可不能跨越這個階段；初地菩薩要修打坐、念佛念咒，修的是口業，修好了發出去都是咒音和祝福；意，收回來修四念處，以此修持達到「身口意」合一，這是由戒而生定，由定而生慧；對人，要修「四無量心」，從慈悲喜捨處開始修，對治我們的貪欲、嗔恚心、怨恨、妄想。所以，要不斷地在現實中從「有形處」糾正自己，愈來愈貼近「四無量心」，然後貼近六度（修布施、忍辱、持戒、精進、禪定、智慧），從「有形處」一步步修，等達到了舍利弗的境界時，便要放下「有形」，向著「無形」去昇華。那時候才能脫離阿羅漢道向大乘菩薩道挺進，才能學弟子品。所以，弟子品可不是對所有人講的，在這一品說得非常清楚。

《維摩詰經》第二品是方便品，是針對普通人說的，初地菩薩是對普通人凡夫的尊稱。

講述《維摩詰經》以待有緣

第三品弟子品內容提及，佛的十大弟子中沒有一個人敢去問疾維摩詰，為什麼？因為沒有人能達到維摩詰對他們要求的大乘菩薩境界，弟子們沒修到所以不敢

去。然而，就當下的現實世界中，還沒有任何一個修行人能夠達到佛弟子的境界，現今是末法時期，人心不古，人心敗壞，修行的福報大不如前，現在沒有智者，遍地是魔，上千年都沒有一個能「證」得阿羅漢果。

　　講到這裡，得把話說得更清楚一點：《維摩詰經》第三品及往後的內容，其實對現今修行人沒有任何意義，沒有任何一個人可以涉及那個境界，那繼續講下去還有什麼意義呢？最後《維摩詰經》講完就是一番空理，儘管如此我們還是得講，為什麼？雖然沒有人能達到，但是我們把這個理講出去，這叫做「以待有緣」。

　　雖然大家現在都是普通人、凡夫俗子，但是講了這個理之後，人們如果對此感到興趣，便在心裡種下了一顆種子，即在心裡種了一顆大乘佛法的種子。當有一天真正修到阿羅漢果位時，這個種子就會在心裡發芽，就有可能碰到維摩詰居士這樣的明師，在他的帶領下向上修行。要謹記的是，不要從弟子品開始修，別妄自尊大，覺得智慧第一的舍利弗怎麼連這個佛理都不懂。這裡就是在告訴眾生們，自己境界跟舍利弗相差可不止十萬八千里啊！可不能小瞧佛的十大弟子中任一位，他們最後都修成了阿羅漢果，都往大乘菩薩境界修。現實中的人們又有誰修到阿羅漢果呢？

　　最重要的是，我們一定要清楚自己所處的境界。對普通人來說，《維摩詰經》最重要的是第二品「方便品」，後面的內容可以聽一下，但千萬不要跟著後面的方法修持，再往後面是「菩薩品」，那個境界更是眾生所不及，聽一下種個種子就好。佛的境界深奧，《維摩詰經》是一部了不得的經典，卻不是普通人學的，就像《六祖壇經》裡的字沒有一個生僻字，沒有一句不能理解，但是一千多年來，又有誰修成了呢？《六祖壇經》裡講述的佛理都是大乘菩薩法。

　　凡夫俗子就得從「有形有相」開始起修，一步一個臺階地往上走，踏實前行才是「正路」。

維摩詰居士論禪定

　　【不於三界現身意，是為宴坐】這一句是維摩詰居士在論禪定，是大乘菩薩道六大觀點其中之一。三界就是現實，把有形的「身意」收回，這才是真的修禪定。

　　【不起滅定而現諸威儀，是為宴坐】不起滅定，即不刻意追求打坐入定，不以身相呈現，但能做到心無牽掛，行住坐臥都在定中，這就叫「無相定靜」。

　　有相定靜是有「入定」，求「入定」，即著了二邊，有入就有出，有「定」就「不定」，這就著了「重生和滅」二邊。人不著重於這種形式，也沒有「定」和「不定」的想法，時時呈現出來「定」的狀態，這叫做「現諸威儀」，這才是真正的禪定。我心是如如不動的，我修的是這個心。但是，大乘菩薩道禪定的第二個觀點不適合普通人，普通人是做不到的。

　　試想，普通人打坐端身正坐時，心都定不下來，更何況行住坐臥皆在「定」中，普通人修持得從「有形處」開始，有形修持是基礎，否則體會不到真正的「定」，都是「我以為」的「我」在「定」中，其實心不斷地妄想紛飛，一時一刻都沒法安定下來。所以，初學佛的人不要從這兒起修，這是大乘菩薩道的禪定之理。

　　【不舍道法而現凡夫事，是為宴坐】凡夫事，即是百姓日用，其實就是人們在現實中所要做的一切事情，例如早上起來為孩子做飯，然後送孩子上學；父母生病了，陪在榻前照顧父母；上班後有各種的日常事務要處理，要談專案，處理各種人際關係，應酬交往等。凡夫會認為天天被世俗事情所糾纏，無法讓自己「定」下來，凡夫事和禪定是對立、矛盾、衝突的。在這裡，

大乘菩薩道的第三個觀點就告訴我們，這兩者不衝突，大乘菩薩道真正的禪定，就是既能做好百姓世俗中應該做的工作，又能在做的過程中遵循佛法，保持自己的心如如不動，處於禪定狀態。這是大乘佛法關於禪定的第三個觀點，叫做「不離世間覺」的真正修行。

　　像是與世隔絕，在山洞閉關打坐，脫離紅塵，這種求禪定也並非不對，只是這個境界格局不是大乘修行的境界和格局，這是人們不斷向後修持的目標。現在還做不到完全脫離世俗的一切，只能做到儘量放下世俗事，讓自己端身正坐，不斷地把心往回收，向四念處收，從「身口意」不斷地學戒定慧、四無量心、六度，這是大家現在能做到的，待後面逐步達到「定」境，才能在現實生活嘗試使用。

　　【心不住內，亦不在外，是為宴坐】 內，是我慾望產生的地方，內心常妄想紛飛，被妄想所牽引，心安不住。那麼，心為何安不住？一內一外，既安不住內，又安不住外。如果我們心向內，就被「內五欲」牽引：時而貪欲大發，時而瞋恨，時而嫉妒心起，就把心帶跑了；癡情一來，就執著人事物；看見美色，起心動念被牽走；金錢來，又被牽走了；看到好吃的又被牽走了；

看到豪華的別墅裡舒舒服服的床就被牽走了，諸如此類，人們的心便不斷地住在慾望上。

　　同時，心也不要住在外面，不要被外境（即外六境，六境有色、聲、香、味、觸、法）所牽引，外面發生任何事情與我無關，心不會被牽走。現實中，人們經常被外六境所牽引，如外面世界發生新聞——哪個明星離婚了，哪裡發生地震了，哪裡發現新東西，美國大選是川普勝還是拜登勝，不勝枚舉，大家的注意力一下子就被帶偏了，這些跟我們有什麼關係呢？但是，我們的心就這樣不斷地被外境所牽，心安不在四念處。

　　真正的禪定在哪裡修？不在於姿勢，不在於形體，不在於想法，放下任何東西，不被內五欲所牽引、奴役；不被外六境所執迷。這樣，心自然而然就安在我的「身受心法」四念處，這個是真正的禪定。

【於諸見不動，而修行三十七道品，是為宴坐】
於諸見不動，即放下對各種邪見的認知認同，放下它，破掉它，「正見」自然出現。「於諸見不動」，不動的意思是不受它的影響和干擾。

　　那麼，三十七道品（即三十七個修行方法）該從哪裡修呢？是從「四念處」開始修，然後是「四正勤」

、「四神足」。也就是說，不管這些是對是錯，只守著一點：「穩住從三十七道品，四念處起修，『行住坐臥』不離『四念處』。」不會因為今天聽說道家說百日築基就跑去學著練；一會又聽人說練瑜伽對肢體的好處多多，就轉去練瑜伽；又或者聽說催眠能讓人進入潛意識，能進入人的內心深處，便去報名參加相關活動，唯一遵循的起修點是，任何的修行都離不開三十七道品，三十七道品的基礎是四念處，專修四念處，這個才叫做「真正的禪定」。

【不斷煩惱而入涅槃，是為宴坐】或許有人疑問，「不斷煩惱而入涅槃」跟前面說的「斷煩惱才能入涅槃」不是自相矛盾嗎？其實不矛盾。斷煩惱入涅槃，這個「涅槃」是有形有相的，是小乘，是三界內第一維空間的說法；一旦人們到達、超越了三界的境界，哪有什麼叫做「煩惱」？有煩惱又斷煩惱不就是著二邊了嗎？以煩惱為敵，覺得有煩惱不好，有煩惱就沒有「定」，沒有「定」就沒有「慧」，這個是小乘修法的觀點，並不是意味著這個說法不對，只是境界不同。

煩惱的最根本源於「有分別」

維摩詰居士用這種方式斥責舍利弗是破他的小乘境界，引導他昇華至大乘菩薩道的境界。因此維摩詰提點舍利弗的重點是，如果想入大乘的菩薩道，超越阿羅漢的境界，就必須破二邊，這是在幫他破「法執」。煩惱是「實有」還是沒有？這裡說有煩惱，是因為認知還在三界內，認為不破煩惱就不能入「定」，不入定如何能得「慧」？心不能清淨，都是煩惱，就不能得「定慧」。

有無煩惱的問題本質是什麼？它存在哪裡？根源是什麼？如何而來？我們知道煩惱的最根本是源於「有分別」，所以我們才在三界內。三界內有分別是三界的基本特徵，有煩惱存在就必有清淨存在，這就是二邊，就是分別。人們想要斷煩惱，得清淨，於是就一直在這個迴圈中循環，永遠斷不了煩惱，只會愈修愈執著，愈修習，分別心就愈強烈。「有煩惱得不到清淨就是不好，沒有煩惱得清淨就是好的」落入二邊境，愈修愈昇華不了。

唯一能破除煩惱的方法就是「中道」，即不能把煩惱當成敵人，也不要一味地追求「清淨」。清淨在哪

裡？清淨就在煩惱的背後，當我們面對煩惱，不與它為敵時，能與它同在時，清淨自然而然就來了。絕不是把煩惱消滅後才能得到清淨，煩惱是永遠都不可能被斷除的，煩惱妄想只會愈滅愈多。所以，我們好好理解以上所說——不要試圖去斷盡煩惱，去找一個叫「涅槃」的東西，這就不符合「中道」了。與它同在，去感受它，不與它為敵，這才是真正大乘菩薩道的禪定。

　　以上大乘菩薩道闡述禪定的六個觀點非常重要。那麼，凡夫俗子應該如何修持佛法？既要從「有形處」修，又要知道無形的理及意義，兩者缺一不可的。凡夫起修處從「有形處」修，目標是大乘的菩薩道境界。

　　【若能如是坐者，佛所印可】 舍利弗是釋迦牟尼佛的弟子之一，維摩詰居士在這裡指導佛祖的弟子修行，這是什麼意思呢？維摩詰講的這一番理和舍利弗師父說的是一樣的嗎？如果不一樣，為什麼要按照他說的修呢？這句話的意思是，維摩詰居士揭示禪定這一番理，完全是得到釋迦牟尼佛的認可。佛說的印可是指印定許可、印信認可的簡稱。

　　【時我，世尊！聞說是語，默然而止，不能加

報！故我不任詣彼問疾】這一小段所描述的內容是，當舍利弗聽到這番話後，目瞪口呆說不出話來的驚訝狀，這是什麼原因呢？因為舍利弗和維摩詰居士的境界相差甚遠，維摩詰居士講述的理，包括如禪定的方法，舍利弗還在琢磨，還沒有看透或修行到那個境界，因此他表示自己沒有資格代表佛去問候維摩詰。

　　另一層面的意思是，作為代表佛的弟子在境界修行上必須是和維摩詰相當的，否則兩者的差距太大等於把佛的地位拉低了。

第二節　對大目犍連開示大神通之道

　　佛告大目犍連：「汝行詣維摩詰問疾。」目連白佛言：「世尊！我不堪任詣彼問疾。所以者何？憶念我昔入毗耶離大城，於里巷中為諸居士說法。時維摩詰來謂我言：『唯，大目連！為白衣居士說法，不當如仁者所說。夫說法者，當如法說；法無眾生，離眾生垢故；法無有我，離我垢故；法無壽命，離生死故；法無有人，前後際斷故；法常寂然，滅諸相故；法離於相，無所緣故；法無名字，言語斷故；法無有說，離覺觀故；法無形相，如虛空故；法無戲論，畢竟空故；法無我所，離我所故；法無分別，離諸識故；法無有比，無相待故；法不屬因，不在緣故；法同法性，入諸法故；法隨於如，無所隨故；法住實際，諸邊不動故；法無動搖，不依六塵故；法無去來，常不住故；法順空，隨無相，應無作；法離好醜，法無增損，法無生滅，法無所歸；法過眼耳鼻舌身心；法無高下，法常住不動，法離一切觀行。唯，大目犍連！法相如是，豈可說乎？夫說法者，無說無示；其聽法者，無聞無得，譬如幻士為幻人說法，當建是意而為說法。由此當了眾生根有利鈍，善於知見，無所掛礙，以大悲心，贊於大乘，念報佛

恩，不斷三寶，然後說法。』維摩詰說是法時，八百居士，發阿耨多羅三藐三菩提心。我無此辯，是故不任詣彼問疾。」

【佛告大目犍連：「汝行詣維摩詰問疾。」】前面說舍利弗不敢去，佛祖就對大目犍連說，讓他代表佛祖去問候維摩詰，大目犍連（也稱目連）是佛的十大弟子之一，在佛弟子裡「神足第一，神通第一」。大目犍連專注於修「術」（「術」即佛法在世間的應用），在「術」方面很厲害。

【目連白佛言：「世尊！我不堪任詣彼問疾。」】大目犍連一聽佛祖讓他去，他馬上就表示說：「我也去不了」。

【所以者何？憶念我昔入毗耶離大城，於里巷中為諸居士說法】大目犍連回憶說：「記得我以前在毗耶離城中為在家居士們講經說法，教大家如何修行。」

【時維摩詰來謂我言：「唯，大目犍連！為白衣居士說法，不當如仁者所說。」】那時候維摩詰居士也

來參加了，並聽了大目犍連的說法後，對他說：「大目犍連！你為這些白衣居士（即在家的平民百姓）講經說法，不應該像你這樣講法的。」

【夫說法者，當如法說】講佛法一定得按照佛法深奧的真諦，要和佛法相契合才行。如何契合？以下，維摩詰居士指導大目犍連真正的佛法真諦。

真正的佛法：遠離自我的妄想執著

【法無眾生，離眾生垢故】無眾生相（即法無眾生），眾生是在五陰中，五陰本身是假的，一切皆假，即無我相，無人相，無眾生相，無壽者相。這裡必須講清楚佛法的本質：不著眾生相。而後面的「離眾生垢故」是指佛法的本質是清淨的，遠離了一切眾生的顛倒妄想。眾生是如何來的？眾生本身是由妄想化生的幻象，它本身不是真的，我們不能把眾生當成「實有」的。因此整句「法無眾生，離眾生垢故」就是佛法的本質，這是真理。不要把眾生當成真實客觀的存在，這一點必須做到。如果把眾生當成一個客觀的存在，人就會產生一個意念：「我要救度眾生，我要為這些眾生講法，教他們佛法。」其實，眾生只是一個相，甚至是

一個幻象，他是顛倒妄想而來的，不要被他們當成「實有」。

【法無有我，離我垢故】這句話講的不僅僅是眾生，真正的佛法是無我相，連「我」都要破掉。佛法的本質是不會著「自我」之相，那麼，「我」是如來的？「我」本身也是虛妄執著而來，執著於由「我」而虛妄幻化出的「我的形體」。真正的佛法是遠離一切對於自我的妄想執著，沒有一個「我」在對眾生說法。佛法裡，本無我相、無人相、無眾生相。那麼，到底是誰在給誰說法呢？意思是我們不能把「我給眾生說法」當真，這都是幻象，是以《圓覺經》講的「以幻對（修）幻」，不要把它當真。

【法無壽命，離生死故】從佛法的本質上來講，沒有長壽、短命的說法，都是幻象。因為，真正的佛法是遠離一切生死煩惱，沒有什麼生死煩惱，我們要從根本上解脫生死，如果認為生命就是有終始，那就著「相」了，著相就不是佛法，即二乘，著二邊。真正的佛法本質是不過分強調其中一方面的。

當然，這還要看佛法是對什麼人講述的，這裡是

維摩詰指導大目犍連。因為大目犍連對「我執」已經有所理解，他已經趨向於破除「我執」，在往上提升，所以這一段是維摩詰居士對大目犍連在講法，而不是教大目犍連如何對大眾去講法。講經說法應該講到何種高度和境界，不取決於講經說法的老師，並非老師個人高度有多高就講多高，而是針對來聽法的人的境界高低，以此對應講這個境界的法，這叫做「隨機教化／隨緣教化」。在這裡，要明白的是，這一段描述並不是維摩詰居士教大目犍連如何對大眾講經說法，而是維摩詰教大目犍連如何看待佛法。

　　大目犍連修是神通第一，也叫做「方便第一」，他修的法術是有形有相的方便法，能作用於世間，能顯示出強大的神通、神奇。因此在這裡，維摩詰告訴大目犍連神通法術的真正本質是什麼，教他如何從小乘向大乘菩薩道昇華。

佛法本質近似於「道」

　　【法無有人，前後際斷故】從佛法的本質上講是沒有「人我」對立的「相」，「我」是虛的，人及與我相關的眾生也是幻象（這裡的「相」也同「象」）。既然這些都是幻象，即不存在人我的相對、時間前後的相

續。我和人的相對，這是不存在的；時間前後的相續，看似時間從始到終往後延續，也都是幻象。所以「法無有人」這是佛法的本質，佛法是清淨至無餘，沒有人相，沒有我相，沒有眾生相，也沒有壽者相。這一段，其實和《金剛經》講的真正的佛法狀態、境界是完全能契合的。

【法常寂然，滅諸相故】佛法本身就是「道」，「道」就是宇宙自然的一種最本質，也最根源的存在。「道」的特點是恒常寂靜的，因為它沒有生滅之相，沒有開始，也沒有所謂的終結。所以「滅諸相故」裡的「相」，包括生相、死相、成相、敗相、空相等。這些「相」從根本上說就是沒有，也就沒有一個所謂的開始，也沒有一個所謂的終結；沒有大，也沒有小；沒有垢，也沒有淨；沒有增，也沒有減。

【法離於相，無所緣故】法離於相，即佛法的本質是遠離一切的生滅、成住敗空之相。為什麼？因為所有的萬事萬物從最本質的根源處講，它並非因緣所生。講到這裡，我們可能會有這樣的疑慮，前面不是說世界是五蘊和合而生，這裡又說所有的萬物都不是因緣而

生？要清楚的是，前面的一種說法是在低維度空間對二乘人講的話，「三界內」一切萬有皆由五蘊因緣聚合而生；當超過「三界」到大菩薩境界和佛境界時，就已經到「一」而不是「二乘」，在「一」的狀態下，即超越三界的狀態下，是沒有因果的（因果也是假象），三界內一切皆妄。我們現在的物理規則只適用於欲界，到了色界就沒有動力、引力了；到了無色界連形體都沒有了，沒有時間和空間的概念。

　　所以，這裡所說的是在不同的階段、不同的層次與境界，對應遵循的規則是不一樣的，這些規則並非恒常不變。以引力來說，它不是存在於任何時空的，它只局限於人們眼睛所見的現實世界（即欲界），欲界內有所謂的物理規則。我們要清楚這裡說的「三界內的世界」。

　　維摩詰對大目犍連講的是大乘菩薩境界的運行規則，已經脫離了二乘，脫離了三界。這些說法並不矛盾，真正的佛講經說法，是針對聽者的境界來講法的，一旦聽眾換對象，講的理自然是不一樣，這是因為佛講法的對象境界各不相同的關係。

　　【法無名字，言語斷故】真正的佛法，連名字都

沒有，不知道如何稱呼它。真正的佛法一定是遠離一切語言和文字的，用任何語言和文字都無法表達的，這是為什麼？三界內，其實「欲界」有語言、文字是為了溝通需要，為了「表相」。但是，所有語言和文字一定是著二邊的，這是必然的，如果不著二邊，語言和文字也沒有意義。那麼，只要著了二邊，其實就是二乘人，就不符合佛法的本質，這境界太低了。語言文字不管如何表達，也詮釋不出佛法的本意。

「法無名字，言語斷故」連名字都沒有，難道經典不是文字組成的嗎？傳法時，講經說法是透過法師的語言和文字來解讀的，這樣傳頌的經典是不究竟、不圓滿的。所有的經典都是權宜之計，並不能全面表達佛法的真實本意，但是對某一類眾生有指導和接引作用。我們不能說佛經代表了佛法，也不能說佛經裡教的方法或對佛法的描述是圓滿的佛法。所有落到語言和文字上，道就斷了──即言語道斷。

儘管如此，佛還得講說法，就像《金剛經》裡所述：「無一眾生因佛而得度」，釋迦牟尼佛祖沒有度過一個人，他一生中沒講過任何經典，沒講過任何的法，誰要是說佛講經說法，這是在謗佛。又有一說，佛講經說法四十九年，度人無數，佛到底講法了還是沒講法？

這值得細細領悟。

【法無有說，離覺觀故】何為「法無有說」？所有佛法是不可以透過任何形式演說或寫出來的，為什麼？因為真正的佛法最深意是無法藉由思量、思慮觀察推理而得（也叫做「覺觀」——覺，思考判斷推理；觀，觀察）。佛法不是由思考判斷推理積累而來的，它不是有條理、有邏輯性的，既然佛法不是這樣積累而來的，就不能用語言文字等方式講述。真正的佛法，用語言和文字是說不出來，說出來的一定不是佛法。這裡，其實就告訴我們佛法的真諦。

【法無形相，如虛空故】佛法到底是在說述什麼？其實就是宇宙最高的「道」。「道」是什麼？是宇宙最深層最本質的存在，完全沒有經過任何的演化，「道」的本質必定是有一個存在，這個存在就叫做「自然」，道法自然，自然即是道，當說到「道」時就已經不是純自然了。這裡所指的「自然」是我們心之本體（也叫做「實相」）。修佛就是修如何找到實相，這才是一切萬物之本源。所有萬事萬物皆由此而化生出來，找到本源即找到「家」，我們在「家」才能真正做到常樂

我淨。一旦要離開了本源，我們已經進入欲界，顛倒妄想以及執著讓我們離家愈來愈遠。佛法就是在教我們如何回家：對家的樣子、家的境界、家的特性的描述，讓人再回憶起來：我們都是從「家」裡來的。但為什麼要「回家」？「家」是無形無相的，無法描述它，因為它就像虛空一樣的存在。那麼，虛空是有？還是沒有？虛空，不是真空，它又有，但是有什麼不知道，叫做「無形無相」。

【法無戲論，畢竟空故】戲論即妄說，意思是不符合實際（真相真諦），離真諦或真相甚遠的妄說就叫做「戲論」。諸法是有形有相之法，以「空」破除諸法，如何破才能回到最本質？就是以空破諸法，乃至於不執著於一物，這叫做「畢竟空」。這句話的本意是，佛法是不可以用隨心所欲想法的妄加來評論的，不能以自己認為對世界的本源來理解，或者對佛的境界的評論，我們不能對這些妄加評論對錯。為什麼？因為佛法是一種畢竟的「空」，用任何語言文字都無以說明或展示佛法，以及佛境界的真相真諦。

【法無我所，離我所故】佛法，從本性上講，不

是任何人的所屬或所有，叫做「法無我所」。「離我所故」真正的大道自然不以我的存在而存在的，不以我的觀察而存在，真正的大道自然遠離「屬於我的一切」客觀存在。前文曾講經說法：宇宙因何而來？宇宙因為「我」而存在，因為有「我」而有了天地；「我」居天地之間，天地因「我」而存在。

世界上有一個真正的「我」嗎？

這是建立在一個有「我相」的基礎上，有我相，有人相（即有外在的一切），外在的一切因為「我」的觀察而生，大家覺得這樣的說法對嗎？其實，話語說出來就沒有對錯之分，只是這句話是出現在何種場合針對何種境界而說，在三界內可以說，因為有「我」而有了天地，宇宙萬物因「我」而化生；沒有「我」就不存在天地萬物。但是，當超越三界在大乘菩薩境界就不能這麼說了，到了大乘菩薩境界就已經破三界，即連「我」的我執都沒有了，法執也沒有了，外在的一切就不存在了。「道」的存在是什麼意思呢？

【盡虛空遍法界】大道的自然，那是自然的狀態，這是本質，「我即是大道，大道即是我，我即是自

然，自然即是我」，是分不清的，就像在大海裡，我是大海中的水，當我投入到大海時，我即是大海，大海又是我，處處皆是我。我遍佈於任何時空處，但是沒有一個獨立的我們，這就是大乘之理。

　　要注意的是，在學習《維摩詰經》的道理時，容易和前面文章所理解和領悟的混為一談，可能會覺得自相矛盾。然兩者需要區分清楚，否則就無法深入學習佛法。學佛法既要學它的恒常性，又要有「變之規」，要懂得「權」：佛法是針對不同的人講不同的法，在不同的環境下說不同的經，在不同的階段悟不同的理，雖理理不同，但又要把它們合一，這便是學習佛法時要掌握的基本態度。

說明學習佛法時要掌握的基本態度

　　【法無分別，離諸識故】佛法不是在二乘境界，所以我們就不能對佛法妄加分別。因為佛法是超越了一切的識別，一旦識別，或稍一判斷，即產生分別，就會直接從佛的境界落入二乘，進入了三界，遠離佛的境界了。佛法本質的特性，沒有分別，混沌劃一，連「一」的狀態都不存在，即混混沌沌的狀態。

【法無有比，無相待故】真正佛的境界，從本質上來講，無法做任何形式上的比較，沒有一個所謂的參照物。所謂的比較，它必須得有一個參照物，但是在佛境界中，沒有任何一個東西可以作為參照物來比較，它是無所相比的。在佛的境界中，不能有比較之心，一旦比較則從佛境界立馬落入三界。三界內有比較，有參照物的，因為三界是二元世界（二乘天），在二元世界內，任何事情都是比較而來。但是，破不了比較與分別之心，我們永遠都回不到「一」的狀態，入不了大乘的菩薩境界及佛的涅槃境界。

【法不屬因，不在緣故】真正的佛境界本質是遠離一切因果的。為什麼？因為超越了二乘後，「因果律」即不存在，就不是「緣起法」的範圍。世界宇宙之萬有都是因緣和合而來（三界內），有五蘊和合，因緣相互起作用，才形成了宇宙之萬有。三界內因果不昧，因果律是三界內的必然存在。那麼，如何能破因果？只有超出三界外不在五行中，當超出三界外，真正到達大乘菩薩的境界或佛境界，就沒有因果。

為什麼超出三界就沒有因果呢？

　　因果也是邏輯（即因是始，果是終）。但是，當超出三界外到大乘菩薩境界，即無始無終無生無滅，時間沒有過去、現在、未來，所有都在一個點上同時存在。大乘菩薩境界從時間和空間上來說，沒有一個所謂的延續或大小，連生滅都沒有，這樣的境界何來因果？

　　話雖如此，我們可不能誤解為世間無因果，想幹壞事就幹壞事，這可就錯了。這一段話是維摩詰居士對大目犍連說的，是要讓他破三界，從阿羅漢果位向大乘菩薩果位前進；對眾生來說，現在還在三界內，沒有破三界，還沒修到大目犍連的境界，就不要想著能直接進入大乘菩薩境界。人們要時時提醒自己不要妄想，因為現在所處的境界是三界，要相信因果定律，即因果不昧。如果連因果還沒修成就不信因果，覺得好像沒有因果了，造惡業也無所謂，心裡沒有惡業就不存在所謂的惡果，也會被因果所束縛。

　　在學《維摩詰經》時，要注意講這番話對象是何種境界，而自己處於何種境界。人們要相信因果，在現實生活中多造福德善因，先得福報，這都是有形有相的，也是普通的眾生起修處，後面不斷地積福積德，一

點一點地修四念處、三十七道品，一步一步先升天人。然後，從天人再往上到圓、覺、聲、聞、阿羅漢一步一步地往上修，破煩惱，愈來愈往上，當我們能破三界時，再來領悟這一番維摩詰對佛陀弟子講的法。

　　如何破因果，如何破三界有形之相，「證」到何為不分別、不比較，那就是「證得」。不要以為佛經說的，我都「明白了」就說我「證得了」，「理解了」不等於「證得了」，兩者差距太遠了，相當於只理解了文字的意思，連百里之行第一步都沒邁開，連門都沒入呢！那麼，從解悟到行悟的入門處在哪裡？即真正在行悟中，一點一點在做和修的過程中，真正有所體悟時才算入點小門，只有證悟到能作數，而不是只是理解了表面意思，這有個從「解」到「悟」的過程。解悟到證得是天地之別，我們不能開始學佛經就妄自尊大，妄想自己已經是大菩薩，此舉不可行，要時時刻刻警醒自己。

佛法順應著「真如」的本性

　　【法同法性，入諸法故】法性，即真如實相的意思。佛法之本性或本體，叫做「法性」。真正的佛法，從本質上來講，真如實相和法性是沒有任何區別的，因為它遍及一切諸法，法性就是真如實相，它存在於任何

宇宙萬物、諸法之中。宇宙之萬有都是從所謂的真如實相中來的，就像大海中的水，從大海中能分離出一滴一滴的海水，每一滴海水既具備個性，又具備大海的共性，所具備的共性就叫做「法性」。「法」同法性，即所有宇宙萬事萬物皆是如此，何況佛法，所有「法」都具備真如實相的共性。

【法隨於如，無所隨故】如，是指真如，諸法是本體，這就是「真如」。佛法只能隨應不生不滅的真如，「真如」本身具備所有心的本體，它的一切特性是不增不減，不生不滅，不垢不淨，一切具備。

從真正的佛法來講，看待任何萬事萬有，包括一切的人事物，看到的都是順應著「真如」的本性。但是，我們現在看到的人事物的特性，都是個人所認為的「人與人是不同的」，「天下沒有一片相同的樹葉」，只看到樹葉與樹葉之間的差異，是因為我是肉眼凡夫，心有分別，看宇宙萬物都是有所分別的。

事實上，天下的樹葉都是有共性的，但就凡人而言，只能看到天下樹葉的不同之處，看不到它的共性；而佛眼一看，天下的樹葉都是一回事，這就叫做「法隨於如，無所隨故」，沒有什麼不同。這就是「凡夫看

人」與　「佛看人」的不同之處，凡夫看人是「人分好壞，各有不同」；佛看人是「人人都是佛」，這就是共性，佛看到的是共性，而非到差別，因為佛的心中沒有差別，一切皆平等。

　　【法住實際，諸邊不動故】「實際」，即超越一切差別的真如本體，是實實在在的「真相」。真相是什麼呢？現實中常用到「實際」這個詞，比如說話做事都要符合實際，我們認為的「實際」就是客觀。雖然說做事得符合客觀，符合實際，但是「實際」是什麼呢？我們並不懂，又無法解釋，我們就認為的「實際」就是事實，那麼「事實」又是什麼？其實，「事實」究其「理」就是真相，真相就是真如。

　　那麼，要真正領悟佛法，就要從實際出發，實際即從真如真相出發。真如真相的特點是超越一切差別，這叫做「真如真相」。世間的真如只有一個，真相也只有一個，萬事萬物皆無差別。我們要學佛法，就是要認清唯一的真相，體悟真如，這是學佛法的意義。

　　佛法強調的破假還真，道法告訴我們要返樸歸真，其實都是要找到「真如實相」。所以「法住實際」即從來沒有離開過真如和實相。「諸邊不動故」的邊，

就是二邊，二邊不動，想想居在哪裡才能「二邊不動」？居中不動。佛法，即住於真如實相中不會受「生滅增減長短始終」限制，如果著了二邊，就會動來動去。佛法寂然不動，不著二邊時就叫做「諸邊不動」。真如實相是不會變的，它存在於所有萬事萬物之中。人能不能認清真如實相，能不能激發其長住？如果能長住，人便能立刻超越三界，就在佛的境界中。

【法無動搖，不依六塵故】真正的佛法，就是呈現得真如實相的狀態，真如實相的狀態叫做「常寂」，恒常寂靜就是它的本性。當守著本性時，如果真正的佛法現前或真正的佛境界現前，是不會受外界的一切現象干擾影響而動搖的。「不依於六塵」不受色、聲、香、味、觸、法這六塵的干擾和影響。為什麼？所有的「色聲香味觸法」之六塵的諸多變幻都是幻象，而真如實相本性是不會受其影響和動搖的，這叫做「常寂」。

【法無去來，常不住故】在不動不搖、恒長寂靜的狀態下，這是要從哪來？要到哪去呢？整個宇宙「盡虛空遍法界」，它是一種存在，而這種存在不是在某個空間存在，所有的空間都是它。那它存在「來和去」

嗎？就不存在「來去」了；它也沒有所謂的延續，即沒有始和終。在空間上不存在「來去」，在時間上不存在「始終」，這就是它的特性。佛法沒有來去，它遍於諸法之中而無具體的現象，這就是「佛的境界」。

【法順空，隨無相】一切諸法本性皆空，指的是本性。其實一切的萬有，從它的真如實相本性上來講，沒有任何形象可得，這叫做「無相」。從它的本質本性來看，人們見到萬事萬物各種形狀及物理規則定律都是幻象，都是在五陰等法中五蘊因緣和合而成的。看似宇宙萬有各有其形象，其實從本質上來講是沒有的。「順空」是什麼？真正的佛法是最高境界，它順應的是虛空，「空相」不能完全代表「無相」，超越了一切感官、五根五識，人們能破外表之形相，看到萬事萬物的真如實相，才能學習佛法。

不被五欲所牽，心才能如如不動

【應無作】中的「無作」，即叫「心無造作」，不執著於物，也不執著於物形及物象。如果我們知道「法」是順空，它的本性是真如實相，本性就是空無，自然就不會起心動念了，我們在看到宇宙萬有的各種變化

時，心就不會因此動搖。

　　什麼我心會造作？因為在六塵中，當我分析判斷觀察六塵的變化時，心就跟著受想行識、心就跟著造作，心隨外境而動。當我知道佛法的本性，萬事萬物的本質，我就不會隨之而動了，這都是幻象而已。就像看電影一樣，如果時時刻刻清醒地知道我們是在看電影，電影裡面都是假象，都不是真實的，我就不會受它影響了。但是，人們看電影往往會被電影情節所影響，這是為什麼？因為看的人以幻為真了。看到電影裡面的人物場景時，以為是真的，把它聯想為真實存在的，聯結到現實中的人事物，和自己產生聯結。隨著電影情節的變化，觀眾的心情此起彼伏，喜怒哀樂，悲歡離合。當電影結束散場，人們清醒過來了，又回到現實中。其實每一個人在現實中都是這種狀態，現實本身就是幻，像一個電影螢幕，人們只是深陷其中執著無法自拔，以幻為真而已。

　　學佛法就要破幻象，不被六塵所沾染，又不被五欲所牽，便能保證超然於物外，心才能如如不動，這是修真正的禪定。當心做到如如不動，清淨下來了，就接近真如實相的狀態，這時候各種神通都會呈現出來。這裡，維摩詰居士為什麼對大目犍連講這一番話？維摩詰

是在教他如何練就真正的無漏大神通，讓他破小神通，最後昇華到大神通。所謂的大神通並不是現實中練身體，也不是練所謂的神通法術，而是回歸到最清淨的本體，無漏大神通自然呈現，一切五眼六通全悉皆具備，這就是佛的大神通。

總結佛法的特性

【法離好醜，法無增損，法無生滅，法無所歸，法過眼耳鼻舌身心】這一句把佛法的特性總結出來了。「法離好醜」真正的佛境界，從本質上來講，沒有好壞之別，沒有增減，沒有生滅，沒有歸去。那麼，真正的大道自然或佛境界，萬事之本源真如，到底在哪裡？它就在那，它從來沒遠離過，它又存在於萬事萬物之中。

所以「法過眼耳鼻舌身心」中的「過」，即超越的意思。真正的佛法是最高境界，佛法代表的就是真如實相本性，它完全超越了眼、耳、鼻、舌、身、心的感覺範圍。我們不超越眼、耳、鼻、舌、身、心，就一定會被六塵所牽引。如果始終相信眼睛看到的（所謂的色）是真的，就會被牽引而不能超越。相信眼見為實，便覺得這就客觀存在的，看見了就陷入其中，學佛法的人必須得超越超越六根，以及六根所形成的六識，再超

越對應的六塵，如果無法看透這一點便無法學習佛法。

　　【法無高下，法常住不動，法離一切觀行】「法」本身連分別都沒有，更沒有所謂的高下貴賤尊卑之分。「法常住不動」裡的「法」本來就是恒常寂然，不會有任何變化，這就是它的特性。所有的變化，如遷移、來去、長短、大小、強弱、黑白等都是幻化出來的，都不是真相實相，這叫做「常住不動」。而「法離一切觀行」中的「法」，超越了一切感官，超越人所作一切行為的局限。人們不要以為個人的知覺感受是真的，感受後的想法經過推理判斷、決策做出的行為是自己在控制的，自己是主宰，這些都是一種錯覺，一種極大的局限。其實，一切感官、想法、思維和分析判斷推理決策，包括行為等都是幻象。自認為做了很多事情，很偉大、很無私，這樣只會不斷地強化我是主宰、強化我執。

　　在修行佛法的過程中，從小乘走到大乘菩薩道，要上升到這個境界，首先就得把我執破掉。真的有一個「我」嗎？執著的我、受苦的我、享樂的我、幸福的我、開心的我、生病的我、生下來的我、死後的我、求不得的我、我有多少財富、我有多大的權力、我有多少

人脈關係。人們先認清這些是幻象，否則是無從起修大乘佛法，永遠都脫離不了凡夫俗子。如果不能破「我執」，天天打坐念佛是沒有用的，愈打坐念佛愈是行善，其實「我執」就愈深。如果不通大乘佛法之理就開始修行，只會走錯路，走上邪路。

講述說法者和聽法者的狀態

【唯，大目犍連！法相如是，豈可說乎？】以上是在總結佛法的特性，意即佛境界特性。大目犍連！法相是這樣子，該如何跟大眾講法？開口即錯，該跟他們講什麼？

【夫說法者，無說無示】真正的講經說法的人，無說無示，什麼都沒有說過，什麼都沒有示現過。為什麼？因為一旦說出來、示現出來，就是有形；一旦有形，就著二邊，即有對錯、應該不應該、深淺之分，示現「好」就有「壞」與它對立，示現「美」就有「醜」與它對立。那麼，該如何示現呢？要明白的是，所謂的真正說法是「無說無示」，但這不是說就不需要說法，不需要展示了。如果覺得沒法說、沒法展示，就不說，也不展示了，這也是著兩邊，認為佛法與佛境界沒法說

就不說，不說就是對的；說了又不究竟，就不說了，這
也是著兩邊。

那麼，大目犍連到底是說還是不說？這裡就有一
個問題：說了不究竟——佛法言語道斷，一說出來的佛
法就不是佛法；但是，不說的問題更大，因為怕說錯。
當然了，我們也可以說，說法是對的，不說法也是對
的。這該如何做？這得靠自己好好領悟，即如何在「說
法」與「不說法」之間找到中道。

放下對錯，才是講經說法關鍵

其實，維摩詰的用意是在告訴大目犍連「真正上
乘的心法」，這一段非常重要。首先得放下對錯，維摩
詰居士和目犍連在講前面這一段話，講完後問大目犍連
該如何說法，這並非否定大目犍連的講經說法，而是在
告訴大目犍連應該以何種心態或者以何種境界來講經
說法。所以「夫說法者，無說無示」這一句話有兩層意
思、有一個界定，一層針對說法者，說法者在說法，這
不是錯；另一層是該如何說法，這才是關鍵。「無說無
示」即我沒說什麼，我也沒掩飾什麼，那是如何說法？
這裡的說法者也分下乘、中乘、上乘、上上乘，真正最
上乘的說法者無說無示，即隨機教化，不會有意識的

去告誡或教化大家，有疑問即隨機答疑，這叫做「無說無示」。從根本上來講，最上乘說法者不是在說究竟的佛法，也不是在答疑，而是針對現在這個人在這個時間段、這個場合下而給出的說法；如果換一個人，換一個時間段或換一個場合，同樣的問題也不會有同樣的回答。為什麼有這樣的差別？對在最上乘的說法者來講，沒有分別，沒有對錯，也沒有應該不應該。

最上乘的說法者符合「真如實相，法無定法，法無生滅，法無增減，法無對錯，法無好壞、法無美醜」，心中把所謂的「法」放下，同時又隨時緊緊地抓住「法」的本質、真如實相，放下「法」的外在形象、形式，既恒常不變又活活潑潑，既嚴肅認真莊嚴又詼諧幽默，輕鬆自在。有形有象、有特指的說法者，是下乘；無形無象無分別，符合真如實相特質的說法是最上乘的。最上乘的說法者無說無示，意即他沒說過任何話，或任何針對佛法的示現，同時他又度人無數，度眾生無量，事實上他並沒想度任何人，沒有任何一個眾生是因他而得度。我們來好好理解，可千萬不要看到這一段後，就覺得「法」無可說、無可度，這是凡夫的想法，即著二邊。

【其聽法者，無聞無得】前面講的是說法者，這裡提到「聽法者」，聽法者也有境界高低之分。如果想從說法者這裡得到益處，學習一些東西，學習某方面的知識或開啟智慧，這叫做下乘聽法者；最上乘聽法者應該心無分別，放下取捨。

【得無所得，聞無所聞】如果得無所得、聞無所聞，我們為什麼還要聽法呢？聽法不就是要有所得，有所受益，有所改變嗎？這裡所謂的受益，要看是指哪方面、哪個層面的受益。下乘聽法者帶著分別，帶著取捨來聽法，是非常局限的聽法者，這樣根本理解不了或感受不到說法者所要講的整體性（即真如實相）。如果帶著有意識或判斷來聽法，即是想聽法師講我需要的法，這就是有取捨、有分別，在這種情況下，只能聽到自己需要的那部分，自己認為不需要的，或跟自己理念不同的，在意識中就被遮蔽，這叫做帶著分別的意識，而有這種取捨的聽法狀態，叫做「下乘聽法者」。當聽法者放下分別的意識，沒有取捨的概念，他就能接收到法師講法的整體性，其受益就不會受意識的局限，而是真正打從心裡接納一切的「法」，這叫做「上乘聽法者」。

這裡指的是哪裡的「無聞無得」？其實是意識層

面的「無聞無得」。在意識層面我沒聽到什麼，在意識層面我沒得到什麼，這樣的意識處於放開狀態，即不做分別不做判斷也不取捨，所有法師講法都會灌入心田。這個受益是心在受益，且是全面性的受益，這是「上乘的聽法者」的狀態。

前文講述的是說法者和聽法者的狀態，說法者不能因真如法相本性不可說即不說，這是不對的；聽法者也不能因聽法無聞無得，就不需要聽了。當放下分別的聽法者來聽法的狀態，才是最上乘的。這兩句話引人發省，非常深奧，在解釋上需要花費很多，在此只是拋磚引玉。

維摩詰居士其實是在教大目犍連應該如何講法，以何種狀態來講法；同時，維摩詰居士是講法者，大目犍連就是聽法者，如何能做到既是最上乘的講法者，又是最上乘的聽法者？這都是修行，也是境界。

接著，維摩詰繼續對大目犍連講解。

【譬如幻士為幻人說法，當建是意而為說法】這裡作了一個比喻，說法者是幻士，即變魔術的魔術師；幻人就是聽法者，像觀眾一樣。

什麼是「當建是意」？當魔術師為觀眾表演變魔

術，並不是單純給他們展現魔術，讓人看到神通變化感覺驚奇而心生崇拜，這不是目的；魔術師表演後，更重要的是將如何生出變化的原理為觀眾釋疑。我們該用何種方式來講解？用佛法。因為佛法是最高深的，佛法的神通是大神通，就相當於最著名的魔術師，所有的神通變化都是幻術。

　　為什麼要有幻術？是以此吸引並接引眾生，這叫做「方便接引法」。但是，用幻術把眾生吸引過來不是目的，真正的目的是教導眾生深入佛法，自己才能夠真正昇華走向佛道，修成佛果，這就叫做「以欲鉤牽」，目的是「令入佛智」，這也是為眾人講經說法展示神通的目的和意義。當把魔術謎底揭開，把原理講清楚，大家在深究魔術原理時，自己就會感興趣練習，在修練的過程中即一點點把眾生領入正道。當眾生知道原來魔術只是幻術，並不是所謂的神奇，不應該執著於這些幻術，應該修真正的無漏大神通，那才是真神通，即能進入佛道，得到圓滿。

描述大乘講經說法過程

　　【由此當了眾生根有利鈍，善於知見，無所掛礙，以大悲心，贊於大乘，念報佛恩，不斷三寶，然後

說法】這段話是描述大乘講經說法整個過程。運用神通了知眾生根有利鈍，才能隨機闡述佛法真諦。

【當了眾生根有利鈍】對大眾講經說法要具備境界，首先得做到對每一個人的根性狀態有所瞭解，如果不瞭解這個人，如何能傳法予他呢？人人皆有不同，真正的講經說法、接引是個性化的。對於一個法師來講，為大眾講經說法不是目的，能把每個人接引走上佛之正道，讓他們能發阿耨多羅三藐三菩提心，能修大乘菩薩道到最後成佛果，這個才是目的。

一部經書不可能讓所有人都受益，這是不可能的。最基本的講經說法前提是什麼？是具備神通。那麼，維摩詰為什麼要跟大目犍連講這些？大目犍連本身就是神通第一，其實維摩詰居士是在告訴大目犍連何為真正的神通，表演幻術不是究竟的神通。我們如何能知道眾生的根性？這必須得具備「他心通」、「宿命通」，當具備這些神通，在指點引導或給大眾在講經說法時，每個人的底細都能瞭解清楚，一眼就能看到問題和困惑的本質所在，這樣就能有針對性地逐一對大眾講經說法，神通應該用在這個方面。要接引眾生，「天眼通，神足通，天耳通，宿命通」都得具備。

「天耳通」即大眾心裡有疑惑時發出心聲，我馬上就能聽到、能感知到，在眾生還沒說出話時，已經解答他的困惑。在面對聽眾講經說法過程中，五大神通都會有所呈現，這樣才會真的打入其內心，眾生才能受益改變。維摩詰在教大目犍連神通應該用在何處，神通並不是用在表演的。如果神通用作表演，讓大家覺得神奇，然後對此頂禮膜拜跟隨你，那是魔！真正的佛道，佛弟子要展現大神通，必是在講經說法救度教化眾生的過程中，潛移默化地運用這些神通，這樣才不會引起世人的驚異。

【善於知見，無所掛礙】即沒有任何顧忌牽扯，說法者要放下分別，在這裡並不是說要給大家灌輸佛法的真理真相，而是無所掛礙，沒有分別沒有取捨。只有說法者放下意識，才真的能進入聽法者的心，這叫做「以心印心」。如果說法者有意識就有判斷，有分別就有取捨，當有取捨性地講經說法時，即說法者的頭腦對聽法者的意識，意識即頭腦，這就不會入心。

【以大悲心，贊於大乘】大悲心的意思是同體大悲，即眾生平等，就是聽法的眾生在我心中沒有高低貴

賤尊卑之分。大乘法門提倡以度眾生為第一目的，我不是為我自己修行：我也是在為我自己修行，大乘法門講究的是「我即眾生，眾生即我」，不講究獨修。獨修即認為我就是我，眾生是眾生，與我無關。但是，大乘法講究所有的眾生、宇宙萬物都是我的一部分，都是我心所造，我心所呈現，救助眾生即救助我自己，圓滿我自己。

【念報佛恩，不斷三寶】人們不管修到多高層次、多高境界，要知道應該從哪裡開始起修，人們生來是不知道這些的，是誰教我們的呢？是佛告訴人們這套宇宙自然的真相真如實相本性、其規律，及修行方法。然後，佛透過三寶（即佛法僧），代代相傳把這些智慧透過僧（即師父）一代一代地傳承下來，我才能學會了，才能來講經說法。在真正的大乘佛法的修行中，這是最根本的，先知報佛恩，後知不斷三寶（佛法僧），然後為眾生說法，先具備了前面所說的才可以開口說法。必須強調的是，講經說法可不是說我學些知識，就可以開個班講經說法的，自己如果還不究竟，連說法最基本的規矩道理和基礎鋪墊都不具備，直接就講經說法，這是在害人、毀人慧命。

　　維摩詰跟大目犍連說的就是這個道理，要具備充足的條件才可以說法，這樣心是清淨的，講出的法就是法因清淨，且又有神通，就能引導眾生走入佛道，能給他們引向正道。當心態、目標、感恩之心都做好準備後，才能開始講說法，這時候即法無定法，隨口皆是法音，就不存在有意召集大家開班上課，這是最上乘的大乘菩薩道的講經說法。

　　【維摩詰說是法時，八百居士發阿耨多羅三藐三菩提心。我無此辯，是故不任詣彼問疾】當維摩詰居士說完這些話後，在場的八百名居士頓時萌發了無上的道心，然後大目犍連對佛祖說：「我現在對維摩詰居士講的這番話還沒有領悟明白，正處於領悟過程中，我還沒達到能和維摩詰辯論或跟他探討佛法的境界，我的高度跟他還差得很遠，所以我作為佛的代表探望維摩詰這個事情我無法勝任。」這個就是佛祖第二個弟子大目犍連，他和維摩詰相遇時，維摩詰對他的教化之道。

第三節 對大迦葉點出苦行的真義

佛告大迦葉：「汝行詣維摩詰問疾。」迦葉白佛言：「世尊！我不堪任詣彼問疾。所以者何？憶念我昔，於貧里而行乞，時維摩詰來謂我言：『唯，大迦葉！有慈悲心而不能普，捨豪富，從貧乞，迦葉！住平等法，應次行乞食；為不食故，應行乞食；為壞和合相故，應取摶食；為不受故，應受彼彼食。為不受故，應受彼食；以空聚相，入於聚落；所見色與盲等，所聞聲與響等，所嗅香與風等，所食味不分別，受諸觸，如智證，知諸法，如幻象；無自性，無他性；本自不然，今則無滅。迦葉！若能不捨八邪，入八解脫，以邪相入正法；以一食施一切，供養諸佛，及眾賢聖，然後可食；如是食者，非有煩惱，非離煩惱；非入定意，非起定意；非住世間，非住涅槃。其有施者，無大福，無小福；不為益，不為損，是為正入佛道，不依聲聞。迦葉！若如是食，為不空食人之施也。』時我，世尊！聞說是語，得未曾有，即於一切菩薩，深起敬心，復作是念：斯有家名，辯才智慧乃能如是！其誰不發阿耨多羅三藐三菩提心？我從是來，不

復勸人以聲聞辟支佛行。是故不任詣彼問疾。」

佛請第三第子大迦葉問疾維摩詰

【佛告大迦葉：「汝行詣維摩詰問疾。」】前幾次，舍利弗和大目犍連都不敢代表佛祖去問疾，於是佛祖讓大迦葉前去，大迦葉在佛的十大弟子中以苦行著稱，即苦行第一。

【迦葉白佛言：「世尊！我不堪任詣彼問疾。」】大迦葉也是在推辭：「我沒有這個資格，我無法勝任去慰問維摩詰。」

【所以者何？憶念我昔，於貧裡而行乞】乞，在本文的意思並不是乞討，是指持缽化緣。以前，大迦葉曾經到比較貧困的地方化緣，他修的是苦行，目的是杜絕一切的金錢及享樂，以此來對治自己身體上的欲望，不會順著身體的欲望而行，這叫做苦行。他用苦行的修行方法，即使是化緣，也不挑富貴的人家化緣，因為富貴人家給的都是山珍海味，大魚大肉之類，都是好吃的。所以，大迦葉有意避開富人到貧窮的地方來化緣，還有另一個考量是，貧窮的人這一生福報不好，他到窮

人處化緣，如果這些貧苦的人發善心施捨（這是行布施），這樣能為他們積更多的福德，所大迦葉基本都在貧民區化緣。

【時維摩詰來謂我言：『唯，大迦葉！有慈悲心而不能普，舍豪富從貧乞』】這時，維摩詰來到大迦葉面前說：「你太狹隘了，慈悲心是同體大悲，真正有慈悲心不應該有分別，這叫做有慈悲心而不能普。為什麼？特別挑很窮的地方開始化緣，讓窮人布施的做法本身就帶著「分別」。這段話意思其實是這麼理解，維摩詰說大迦葉有慈悲心，這一點是可以肯定的，但是慈悲心還不夠廣大，不能普及，是帶著「分別的慈悲」。接下來，維摩詰針對大迦葉的苦行（苦行也是一種修佛的方法），這個針對性非常強，直接對治人們的內五欲，破外六塵（六根所接觸的對象）。

苦行是學佛修行的起點

行「苦行」者，不能隨順滿足所謂軀體的欲望，讓自己吃不好睡不好，不沾金錢，無視權貴，更別提美色，直接針對的是「財、色、名、食、睡」，把這些全都去掉。而且，也不會去沾染外六塵，一般人都非常在

乎別人對自己的評價，即別人如何看待我們，像是「我在人們的眼中是否有尊嚴、有面子、有身分地位，有錢。」其實，這些不一定是為了自己享樂，很重要的一部分是我們在跟他人做比較，想做人中第一，這都是面子、尊嚴、自尊心在作怪。

現在很多人學佛法，是為了什麼？他們並非真的想要證悟什麼，要真正走上成佛的路，得到大智慧。然大部分學佛的人都覺得學佛是一種時尚，代表自己慈悲，覺得在世間拼財富或權勢，可能拼不過別人；但若能成為修行人，學出世間的智慧便高過周圍的普通人，這是絕大多數修行學佛者的心態，只是自己意識不到而已，他們表現出來的學佛形式，如吃素、放生、救濟等，其實是為名「我是一個善良的修行人」，意即「我嚮往著更高境界修持，我是修行人，不同於滿身銅臭味的商人，我的內心是清淨的，即使沒有寶車代步、住豪宅，腳踩著自行車、以破草房為家，照樣開心快樂地過日子。

說到苦行，可以算是真正學佛想修行的起點、最簡單的方式。重點在於，能否放得下對金錢的強烈貪欲。然而，太多學佛的人都在找藉口，立志賺大錢，才能普惠眾生、供養佛門，這些其實都是在做買賣。絕大

數人的心裡都是這麼想，「學佛即有佛菩薩保佑我！」，這樣永遠都學不了佛。這不過是把學佛當成了世俗化的一種形式而已，談判的物件變成了舉頭三尺的神明，這也形同賄賂，只是行賄的對象不是世間權貴，而是佛菩薩。

對治五欲，是學佛的基礎

真正的學佛修行必是放下五欲（財、色、名、食、睡），如果放不下，便不好談後續修行。學任何東西都得有基礎，學佛的基礎是什麼？答案就是對治五欲。從哪裡開始對治呢？第一從財上；第二個從色上；第三從名上，名不僅僅是權貴，還有名聲面子，當學佛了，能放棄財，放棄色心，能否放下「面子」？是否能屈於最下層的階級？人世間最底層是流浪漢，無家可歸，四處乞討，乞食者流浪漢是人世間最低賤的，試問我們能做到嗎？釋迦牟尼佛祖身為皇太子，是未來的國王，但是他為了修行，要呈現「出家相」。試問，佛祖在皇宮裡難道不能修行嗎？從理論上來講，若維摩詰在皇宮裡可以修，釋迦牟尼佛為什麼不能修？其實都可以，那麼為什麼釋迦牟尼佛直接出家？因為他走的是苦行之路，苦行六年，放下一切「財、色、名、食、睡」

，給後世的佛弟子們做表率。事實上，佛祖是在告訴我們，要從哪裡開始起修佛法。前面章節，我們曾討論到真正修佛法，要從戒定慧、三無漏學、四聖諦、十二因緣起修，但是這些其實都是「不究竟」。佛祖直接用行動給出答案——真正要修佛法要從苦行開始，所謂的「戒定慧」只是名詞罷了。人們天天學戒定慧，又有幾個人能做到戒定慧？天天研究四聖諦、十二因緣，就算研究得再明白又有何用呢？所有的佛法的起修處必是收心收神，要把心給收回來。

　　人們的心為什麼會外揚？都奔到哪裡了？其實，不外乎都奔向了「財、色、名、食、睡」，人的一生分分秒秒的都在為這些事拼搏。所以，佛不是用語言告知人們真正修佛的起修處，直接用行動直接告訴我們，學佛要先學「舍」，如果連「舍」都做不到，談何修行呢？若都想按維摩詰的層級來修，資財無數，妻妾成群，子孫繁衍，有權有勢，就學維摩詰放縱一下，但是話說回來，憑什麼學維摩詰？

　　維摩詰處在享受「財、色、名、食、睡」的狀態裡，心裡卻不沾染，而一般人的心裡面就是沾染著，天天學佛，拿維摩詰當藉口，追根究柢是不想放下優越的生活。只是把學佛當成一件華麗外衣，這樣的學佛案例

在歷史上沒有一個有所成的。維摩詰是怎麼成佛呢？他從哪裡開始起修呢？難道維摩詰跟釋迦牟尼佛成佛的路是不一樣的嗎？所有學佛的人都是從普通人修起，從苦行來修的，起修處都是一樣的。

修行的階梯：跨越了小乘才是大乘

大迦葉是佛祖的十大弟子之首，是最有成就的弟子。為什麼在法會上把心法傳給大迦葉？拈花微笑，以心印心，為什麼能傳給大迦葉呢？大迦葉是十大弟子中修得最好的，是苦行第一。有的同學可能心裡不解：「老師不是曾經說苦行是形式嗎？」吃也吃不好，穿也穿不好，把自己放到最低賤的位置，最不受人待見，萬人唾棄，誰也瞧不起你，苦行只是個形式，我們要學大乘菩薩道不就應該要放下形式嗎？在這裡要特別說明一下：「無形」是從「有形」中來的，大乘菩薩道一定是從小乘的「有形」階段一步步地修，跨越了小乘才是大乘，但是這並不代表著普通人就能一步跨到大乘菩薩境界。

修行是有個階梯的，登天也得有個階梯，任何人修行也是有個階梯的。六祖惠能也是生生世世在修的，都是要從苦行開始起修，到了這一生得《金剛經》點

化，立即大徹大悟，人們看到的只是「果」，應該要看他如何修行，如何得到「果」的。

　　釋迦牟尼佛和大迦葉做了示範，從苦行中修，想要什麼就要放下什麼，天天汲汲營營於賺錢，等到真正賺了大錢，災難就來了。如果覺得天天跟佛菩薩做生意，跟他談判做生意，有一次成功後，以後時時刻刻都想著如何跟佛菩薩做下一筆生意。天天想著如何讓錢翻倍，如何能獲得更大的權力？這不是修行。透過這種方式得到的財富、權勢，其實是修行的障礙，是以修行為名義，骨子裡圖謀的還是「財、色、名、食、睡」。想要真正修行，得先看自己能不能像大迦葉一樣苦行，受得了天天往貧民窟沿街乞討，美其名曰叫化緣，其實是沿街乞討。

真學V.S.假學

　　假設我們現在想開始修佛，在有身分地位的情況下，自己有可能到貧民窟去乞討？能做得到嗎？往往在真正要付諸行動時，發現自己做不到，為什麼？因為放不下的東西太多了——身分地位、面子、自尊心等都難以割拾。又如，沿街賣唱賣藝能不能做到？沒幾個人能做到的。

「學佛」有真學和假學：「假學」就是口頭上學，口中在念佛，對外大肆宣傳等，把佛當成了華麗的外衣給自己披上，這是一種自我的炫耀，自命清高，這叫做「假學」；真學佛的人在口頭上不會說，只會形上做。要注意的是，並非要求每個學佛的人都要沿街乞討，但是如果連這一點都做不到，還能做到什麼呢？天天口若懸河地給別人講「戒定慧」、「四無量心」、「四聖諦」有什麼意義呢？如果連世俗中的面子、權勢、財富都放不下，一心只想得到世間的「財色名食睡」，這不是學佛。

這一段講述大迦葉行乞，千萬不要以為他被維摩詰呵斥，就覺得大迦葉的境界不夠，他太注重於有形。一般人與大迦葉的境界差得太遠了，根本就做不到大迦葉這些有形的修佛方法。人們只要在現實中嘗試一下就知道，說得容易做起來難。等到有一天，人們能放下不穿名牌，穿跟普通老百姓一樣的衣服，到最貧困的地方和他們吃一樣的東西，跟社會最底層的貧民來往，這就是現實中真正的起修處，而不是打坐！我們不要一看到佛打坐就學打坐，佛除了打坐還做很多事情，佛一再講：「打坐不是真正的修行。」

在一無所有時，體會何謂「布施」

　　大迦葉是苦行第一，是透過苦行把自己放到最低最賤，以此來破除「我執」。現實中，有的人天天談無我相，無人相，無眾生相，無壽者相，如何能放下、破「我執」？最好的方法就是苦行，直接把自己放到最低賤處，去感受世間的人情冷暖、感受自己所受的委屈，在被屈服而又一無所有時，再體會何謂「布施」。更進一步地，在一無所有時，體會何謂真正的「持戒、忍辱、精進」。因為，當擁有財富、權利時，要布施太容易了，若布施只是把冰山一角拿來布施而已，這並不是真正的布施。當有權有勢、高高在上，受到大家的奉承恭維時，是修不了忍辱的；天天吃好喝好，是修不了持戒的，這樣修的持戒只是比縱欲稍微收斂一點而已。

　　對於剛開始修行的人，一定要注意這一點。修佛法的人如果覺得自己已經修到一定境界，檢視的方法是看看自己有沒有走過大迦葉苦行之路，可曾行過一天苦行？還是行過一個月或一年？如果不管身家億萬或者其他權貴，能做到像大迦葉這樣，把現在擁有的一切放下（不是沒有），然後找一個陌生的地方或沒有人的地方，身上不帶多少錢，就住三年試試，苦行三年，甚至

只是一個月，檢視一下自己能受得了嗎？現今，人們出遠門大都是為了旅遊，會帶很多錢放在身上，那是去享受！如果現在讓你離開自己的舒適圈，就帶一百塊錢到一個陌生的地方或者最貧困的地方，去感受一下誰都不認識你，也沒人理你的這種感覺，以「我就什麼都不是，是最低賤的」方式修行一個月，如果感受一年後還能真正安心，能舒服享受，便是到了一定境界，這叫做「安貧樂道」。

接著，試試自己能否一年時間與世隔絕，這才是真正的閉關。所謂的閉關，不是待在山洞裡打坐，所有的三十七道品裡沒有一品是講打坐的，沒有一品是念佛、念咒的，這些和修行都沾不上邊。

《維摩詰經》是最具實踐性的，要學明白經義裡的真義就不要看那些華麗的辭藻，不要只看到大乘佛法裡說的「無形無相無我無眾生」，就像我們看《六祖壇經》一樣愈看愈開心，人人都覺得自己放下了，已經舍下了，一念之間就能成佛，如果這麼簡單就能修成佛，釋迦牟尼佛祖還至於要放棄王子身分和奢華生活。佛祖透過六年苦行的經歷告訴我們，苦行這條路不究竟，但是，如果沒有這六年的苦行，釋迦牟尼佛祖絕不可能在菩提樹下四十九日大徹大悟！六年苦行是不究竟，但苦

行是基礎，鍛鍊的是釋迦牟尼佛的道心、精進、堅信，這些不是從奢華的生活中練就的，這得把自己放到最低處去修行。

如果想得到人中最尊，能不能把自己放到最低下處，如果放不到最低下，永遠都成就不了最尊、最上、最第一。從佛祖十大弟子的排名以及對十大弟子的認同度來看，為什麼佛祖最後把心法傳給大迦葉？這說明大迦葉行苦行這條路是對的。因此，這裡做了很多闡述，目的是要讓大家理解，不要小瞧大迦葉的苦行，能做到苦行是非常難能可貴的。下面，維摩詰對大迦葉講的這一番話，其實就是在告訴大迦葉：「你修有形、修苦行，已經修到破了「我執」，現在可以往上昇華，從有形昇華，向無形修行，從局限、分別向大乘菩薩道昇華。」所以，維摩詰就跟大迦葉指導——從行乞來告訴大迦葉該如何昇華。

【迦葉，住平等法，應次行乞食】即說諸法平等，諸人諸眾生平等，說真正的佛法是絕對應該平等的，要放下心中對貴賤貧富的分別。那麼，真正的行乞應該用什麼方式？維摩詰認為要「次行乞食」，意思是無所謂貧民區還是富豪區，人走到哪裡，就挨家挨戶

依次化緣，不分貴賤，不分好壞，不分善惡，這叫做平
等。所以，這是維摩詰在告訴大迦葉先從「相」上破，
不要只盯著貧民區，富豪區也得去，但也不是說就盯著
富豪去乞食，完全捨棄貧民，而是走到哪，就在哪隨機
化緣。

【為不食故，應行乞食】乞食也稱化緣，如何做
才是真正的化緣？化緣其實不是以養活血肉之軀為目
的。化緣本身是修行。當然，苦行也是得吃飯，不然這
個血肉之軀就不存在了，當軀體不存在時，用什麼修行
呢？我們一再講「借假修真」，這個「假」身也得借，
但只是不會被身體血肉之軀所束縛，不會為它而做什
麼，爭取什麼，修行者化緣並不僅僅是為了血肉之軀的
存活，這只是小部分目的而已。

事實上，在化緣過程中也是在修心性，挨家挨戶
化緣行乞時，體會世間的世態炎涼，放下自己的功名利
祿、名文利養，修一顆平等的心，這個才是行乞的主
要目的。同時，破的是享樂和貪婪的欲望，修的
是「六度」，在行乞過程中修布施，即別人布施一碗
飯，回布施者的是佛法；換句話說，別人給我的是財布
施，我給眾生的是法布施，行乞過程中是與人接觸的過

程，在接觸的布施過程中，修忍辱，修精進，修六度，所有的行乞都是朝向這個大目標前進，都是為了修行大乘菩薩道。

一切食物都是五陰和合而成

【為壞和合相故，應取搏食】何為「壞和合相故」？我們要好好的來理解。人們身體本來就是五陰彙集在一起的「和合相」，它是一個假的「和合相」。其實，人們之所以有「我執」（「我」是真實的客觀存在），一切的都是「我」去努力爭取，形成了五欲和「貪嗔癡慢疑」，都是因為有「我」，但是，這個「我」本身是假的。

為什麼是假的？因為人們把五陰當真了！

那麼，我們修行先要破「我執」，達到阿羅漢境界，然後再破「法執」，才能達到大乘菩薩境界或者佛祖境界，這是修行的狀態和階段。

如何破五陰的「和合相」？其實透過乞食過程便能達成。身體是五陰和合而成，食物也是五陰和合而成，萬事萬物皆是如此。人們對於食物的認知，比如說有好吃的、特別想吃的、各種口味的、喜歡的顏色，甚至是享用美食時發出的聲音，五陰和合之相便

都在食物裡。

　　然而，在行乞的過程中，別人所施予的任何食物，被施者是無法選擇的，給什麼就得吃什麼，尤其在貧困區，別人所布施的食物可能是難以下嚥的，從色香味上根本就無法看。此時，是吃還是不吃？這時候能否放下分別心，能否保持不受眼耳鼻舌身，即不受五塵所沾染。當看到一堆黑黑的像糞便一樣的東西，是吃還是不吃？能不能吃？為什麼不能吃？當一聞那個味道又酸又臭，五味雜陳，這時候是吃還是不吃？要明白的是藉由這過程是在修練什麼？練習「壞和合相」，即破「和合相」的意思。

　　如果知道食物的本質就是五陰和合而成，人們所見、所聞、所聽、所嚐的都是假的，就不在乎它了。管它是什麼，拿過來就吃，還能不噁心、不反胃，這一點只有在乞食的過程中才有可能碰到——不會對食物有分別性的選擇！眾所皆知，在修行過程中，財、色、名、其中「食」是非常難破的。民以食為天，想著吃好吃的、找吃好的，是生活的日常。有一點不順心便吃不下，吃不到可口的東西就會心情大壞，吃到美食特別有滿足感，這都是人的常態。因此，「食」在苦行中是非常難破除的，而透過苦行，認清楚一切食物都是五陰和

合而成，看似美味色全，其實都是假的，這便是真修
行，比任何打坐都強。

從佛法上看四種「食」

從佛法上講，「食」分四種：第一種是搏食，指
世間人們吃下去的物質，即食品食物；第二種是觸食；
第三種是思食；第四種是識食。

第一種是搏食，即把食物捏成一團，分成一段一
段。世間的一切食物都可以稱為搏食，像是在印度用餐
是沒有用筷子，也沒有刀叉，就是用手，吃任何東西都
捏成一團放在嘴巴，從食物中修也是一個修行法門。大
迦葉的苦行便是從「食」開始修的，苦行的方法有很
多，為什麼大迦葉選擇以乞食作為苦行？搏食，人吃的
食物是五陰（地水火風空）和合而成的搏食，借此來養
活人的物質身體，讓血肉身軀得以存活於世。那麼，天
人吃什麼？色界眾生吃什麼？無色界眾生吃什麼？地獄
眾生吃什麼？地獄眾生也是跟人們一樣吃物質食品嗎？
不。人吃搏食，動物也吃搏食，只有人和動物吃四種食
物之一。

第二種是觸食。觸食是什麼呢？從本意上講，這
是一種接觸後的感覺。例如，人們的皮膚特別香滑，在

觸摸異性時就有一種享受感和滿足感，摸到香滑肌膚的
一種想像，內心的感覺特別強烈。這便是為什麼異性間
要擁抱、撫摸，因為觸食的原故。另一個例子是，洗澡
沐浴時，用香皂或者香精觸摸到身體時會有一種很舒服
的感覺，因為有時候人體皮膚也饑渴。所以說，觸食是
一種食物。

　　那麼，色戒的天人吃什麼？他沒有鼻、也沒有
舌，也沒有物質身體和消化器官（如胃、大小腸）。色
界的天人不需要搏食，那麼天人以什麼為食呢？當天人
的制心一處時，就會產生一種樂，這種禪定所產生的身
心二樂，便形成了其意識和意根的「觸食」，心愈是心
靜下來，處於禪定狀態，身心俱樂，這相當於人在現實
中觸摸到，或想像到異性香滑肌膚時的那種感覺。

　　第三種是思食，也叫做「念食」。思食是怎麼來
的呢？是由思想產生來的。也就是說，人的意識、意根
的思維念想，成為生養意識和意根持續現行的動力。思
想本身也是一種食物，這個食物是人們需要的。常聽人
說，「每天都吃山珍海味，大魚大肉，可總覺得好像很
空虛。」缺的是什麼？缺的是精神食糧。人活在世上需
要精神食糧，這就是思食。如果沒有思想的念食，也會
感到饑餓，一種源自於心靈上的饑餓感。

　　為什麼有些人饑貧交錯還是能過得很開心呢？儘管現實中吃的摶食很差，甚至於半饑半飽，但是他的思食非常豐富。這樣的人擁有非常高的思想境界，當人的思想境界高到一定程度時，就已經把人間粗劣的食物放到第二順位了，食物對他來說不重要了，這叫做安貧樂道。念食，是意識和意根的食物。從另一個角度講，例如說有善法、惡法、無記法的學習和思考方式，讓人不斷地在思維處有創新提高、熏修學習，這就是在吃念食。念食存在於三界中各個空間裡，遍布三界九地；摶食只是人間的食物，無色界空間的眾生也得吃念食。

　　第四種是識食，人類的「色、身、受、想、行、識」，即是五陰。人在母體母胎處已經開始食，在胎兒時就有認知和感受，而這種認知感受的不斷熏習，就叫做識食。另外，凡是對六塵諸法熏習不斷積累後，有了種子（這個種子是指功能的差別），就是識食。

　　因此佛法說：「諸識皆有食相。」意思是色有色之相、生有生之相、受有受之相、想有想之相，這就叫識食。對六境的知覺感受會形成一種習慣，例如生長在四川地區，從小在母胎裡頭就聞著辣味，來到人世間後天天吃辣食，長大以後自然就是無辣不歡，這便是一個知覺感受積累的過程，一點點形成一種習慣，這個就是

「識」。當人長大成人後，如果一個月不吃辣食就覺得不飽，覺得好像空虛，一回到四川瘋狂地吃，好像餓了多少年似的。這種不斷熏習下來的習慣就是一種實相，它形成了人們的秉性、習性、慣性，這個就是識食。

諸識有其實相，第八識無所謂的實相

在這裡，「諸識」指的是前五識、六識、七識都有其實相，而第八識則會收藏諸法中貪愛的種子，第八識是在欲界中的「識」。前面的七識有喜歡的、有不喜歡的、討厭的，遇著喜歡的食物往往引人胃口大開，其實這些都變成種子，種在第八識裡。第八識沒有所謂的實相，不需要吃，但是有這個種子在。我們現在就知道三界內所有的有情之眾生，不管境界高低都必須得「食」。

以上，是對「食」的概要介紹，而從中也清楚地知道，大迦葉修的是什麼樣的苦行，他從哪裡開始修苦行。那麼，為什麼人們要吃這些東西呢？目的要破「合和相」，讓人們知道食物是和合而成，它沒有聲香味觸、香臭之別，沒有形狀差異，先是破了「食物相」，再破「我的身體」，因為人的身體也像食物一樣是和合而成，沒有所謂的光輝暗淡，也沒有英俊醜陋之別，對

身體也沒有喜歡、愛恨、醜陋等觀感說法。這也是一種
修行的方法。其實，在行乞過程中真正要有所收穫，就
要行「大乘菩薩的行乞」，也正是維摩詰對大迦葉的提
醒點化，讓大迦葉不要把行乞僅當作小乘苦行的行為，
這樣太局限了，達不到以行乞為修苦行目的。

以化緣為大迦葉說明修「道」之理

【為不受故，應受彼食】為不受故，是因為什麼
東西不受呢？為什麼要接受別人給予的食物？所謂的「
不受」即八識心體不受。要真的接受布施嗎？真的接受
食物嗎？看似接受了，但是真的受了嗎？如果在現實中
接受了別人的布施，是不是就有一種欠人家的想法升
起？欠了是否要還呢？如何還呢？做牛做馬去還？

俗話說，「受施主布施一粒米，恩受大如山，今
生不得道，來生做牛做馬還。」什麼又叫作今生不得
道？不得道，意即還在三界內、在因果中。如果在因果
中，行乞萬家，即受萬家恩惠，以後還得報恩，這樣生
生世世做牛做馬也報不完。其實，行乞化緣過程中要
不斷地體悟的是，「是否受對方的恩惠，既不否定我受
了，也不是不受，是什麼在受？是否需要還？在何種境
界下必須得還，在何種狀態下不用還？」。

透過行乞行為而透徹義理

在這一整個過程中不斷地體會，便稱為「為不受故，應受彼食」。這一句文字非常簡單，但是要真正理解其義可不簡單。這裡只是拋磚引玉，從這個角度理解這句經典所要傳達的真實意義。如果只是從字面簡單理解，是無法看懂句意，甚至有這句話是矛盾的感覺。「對於食物，為了不接受它，所以我要接受它」，這句話本身是矛盾，自然是無法理解，所以要從修行境界的角度切入來理解。

受人滴水之恩，必當湧泉相報，關鍵是到底有沒有接受，在現實中接受了，為什麼又沒接受？人要不要生生世世做牛做馬的去回報這些施恩的人？該如何報恩？如果這麼多施恩於的人都得回報，那人揹負著極其沉重的心理負擔和壓力，也就沒法去乞食了！反過來說，不受也不還，意即自己做飯、種菜、種米、做飯，這就兩不相欠了，對嗎？那為什麼從釋迦牟尼佛祖到他所有弟子都得出去化緣呢？因為，在行乞過程中就是在修行，不僅是修人們的行為，人們還得充分理解佛經義理，透過行乞行為而透徹義理，然後改變我們的心。

因此「為不受故，應受彼食」，整句意思是：我

得有了這個境界、高度，所以說我們兩不相欠，你給了我，我同時也給予你，世間的萬事萬物都是一個作用力與反作用力的關係，有布施者便有「受」者，布施的是「法」，布施的是「財」，但其實在「受」的過程中，同時也給布施者功德福報。因此要破因果，在行乞或在結緣、化緣的過程中，我們才能以此明「道」。換個角度想，化緣本身就是在修道，在破相，人要如何在行乞、化緣的過程中去破「相」，然後由小乘昇華至大乘之道。

今生不得「道」，人所接受的這些不是供養，什麼叫「得道」？「得道」的意思就是放下了「分別」，它才能真的超出三界、破除因果。因果如果不破，永遠是沒「得道」。那麼要怎麼破因果？說穿了，就是放下「分別」，沒有「因」、「果」，沒有所謂因果即合二為一了，這就叫做「為不受故」。修行時得修到這種狀態，才真的是不著因果；修不到這個狀態或光是只有理解，是沒有用的。只有領悟、理解，這叫做「解悟」，而「解悟」還是破不了的，必須得做到「證悟」。

所謂的「證道不受故」，「證道」的方式就是有所「解悟」，最後達到證悟，即是大徹大悟，在這過程中必須由「行」而悟，「行」就是修行。在佛的十大弟

子中，大迦葉是苦行第一。

　　維摩詰居士對大迦葉的這番道理，追根究柢是在講苦行的意義，苦行本身就是一種修行的過程，不求吃不求穿，對這世間來講，便是放下世間的一切安樂，一切享樂，放下事件的一切刺激，以及一切關於的財、色、名，一心來修行。

苦行的目的

　　苦行其實不是目的，不是為了苦行而苦行，我們首先要瞭解，人們如何理解苦行的意義？苦行的意義是什麼？釋迦牟尼佛為什麼要放棄世間的榮華富貴？佛祖的弟子當中有很多是富家子弟，他們放棄世間的名利來參加僧團，甚至遠離父母、兄弟姐妹、夫妻孩子來清修苦行為的又是什麼呢？為什麼說苦行清修和苦行不是目的？其實苦行是為了達到目的方法之一，目的是超出三界外，修到大聖菩薩境界和佛祖涅槃的境界，稱之為「圓滿」。

　　為了實現這個目的，於是有了清修、苦行，然而為什麼說清修和苦行是實現目的的方法和手段呢？這是從哪個角度來看呢？其實人這一生是非常的短暫，精力是有限的，時間是有限的，人的一生在世數十年或逾百

年，其中有效的時間，比如說學習或者成長、做事等有效的時間其實非常短暫，算算也沒多少年。就修習佛法來講，獲得大智慧是要超出三界，那可不是一般的學問，而是超出世間的大學問，真要把佛法內容落實在「信解行證」這幾個面向，那是非常浩瀚巨大的工程。

能捨，才能靜心修行

　　試想，我們想在世間上成為某一個領域或某個技能的專家，都得窮盡一生，專心致志地做，才可能有點小成就。佛法的大智慧涉及到我解脫生死，那是最大的學問。若窮其一生學佛法，把所有的精力、所有的時間都投入於研習佛法上，其實還不一定能有所成就。然而，如果把心思花在追求財富、權利、生活享樂，想吃好、喝好、睡好、穿好，且在社會上要擁有尊貴的擁有身分地位，根本就沒有時間和精力研究佛法。

　　那些有意於佛法研究的人，生活是怎麼樣的狀況？如果他發了心要解脫，發了心要鑽研佛法或道法，他必須「捨」，把世間的誘惑、享樂、沉迷全都捨掉，把心思從世間拔出來，這個叫「能捨」，如此才能清修。「清修」的意思，就是心清淨地修行，也就是我們要把心徹底地、專一地放在學習佛法，否則只是蹉跎歲

月，勞勞碌碌的一生很快就過去。雖然學了佛法，但是若無法伸延、無法深修，也不會有成就，就是一個蜻蜓點水的淺層理解。

所以，千萬不要誤解——以為苦行就是受窮，清修苦行可不等於甘於貧困。可不是這個道理，受窮貧困也不代表著清修苦行，這是兩個概念，不要混淆。很多人都把財富當作罪惡，妻子、兒女當成了累贅，把世間的功名利祿當成了攔路虎，這是不對的。為什麼如此說呢？所有的修行人必須得放下世間的「欲望」，不要被世間的「五欲」和「外六塵」所沾染，因為人一旦被「內五欲」牽引，被「外六塵」所牽引，心就放在追求財色名，而追求過程是一個無底洞的假象。人如果被拖進欲望的無底洞，這一生所有的精力和時間全都得花在五欲上，即使在這上面得到享樂、愉悅，得到了開心或滿足，但這是不究竟的，不長久的，待這一生福報過了，後面就是無盡的痛苦。

所以，任何要想修習佛法或道法的人，他一定得先放下對世俗的追求，「道」也在強調，放下對世俗的一切的追求，心不用在五欲，心在哪呢？心一直都是與「道」同在。那麼，修習佛法也是如此，當我的心放在追求佛法的大智慧，心改變了，心昇華了，心圓滿了，

這個才是永恆不變的，才能得到真實的利益。我的心真正的圓滿，我在今生超越了生死，我就不會在生死六道輪迴打轉了。

在這之間其實是有取捨的。為什麼說「守戒」不是極度的壓抑？不要把欲望當成敵人，不能說欲望本身不應該有，為什麼？事實上，欲望要有。如果想要成佛，解脫生死，就要堅韌不拔地努力，這不就是想實現一個欲望嗎？如果人沒有欲望，什麼都沒有了、都是「空」的、「無」的，那也不用修佛法了。

把欲望轉化成願望

如果人有欲望是錯的，那麼也應該把成佛的欲望也去掉，但是事實不應該是這樣的。在修佛的過程中，是把欲望被轉化成願望，真正的欲望被放大了就是願望。在物質世界、在現實世界中、在有形的身體上，這叫做「欲望」；但如果將之轉化到新的境界，那就叫「願望」。所以它是一個轉化的過程，而不是說「欲望」就是敵人。千萬不要理解錯了，一聽到大迦葉說苦行，我們便注重苦行的形式，不去賺錢、享樂。所以，佛法是為了讓大家更理性地看待這個問題，因此有釋迦牟尼佛祖拋棄家人出家、拋棄王位去苦行，為什麼要出家修

行呢？

　　在家修行，每天大量的時間和精力都被家人所牽引，一旦夫妻兩人的願望不同時，兩人必然會發生糾纏或者衝突，例如：如果另一半想要的是世間的榮華富貴，而自己要的是清修，為了要照顧另一半的感受，每天都要花時間處理這些問題，抽不出空來清修，很多人最後選擇離家，放棄了個人的小家、拋妻棄子，清修苦行。又如，有些人放棄子女而修行，為什麼呢？因為人的一生中，用在子女身上的時間最多，最喜歡的、最愛自己的子女，為子女考慮最多，這都是清修的障礙。所以佛祖要呈現的是出家相。

　　作為王子來講，世間榮華富貴享不盡，但是新奇的東西層出不窮，而欲望又是無底洞，無法徹底滿足，這本身是假的，捨掉、放下現實中的榮華富貴，不從身體上的享樂入手，捨掉後，就一味的清修。釋迦牟尼佛祖是發大慈悲心以自己為例為眾生做示範，帶領著弟子一起這麼做，呈現的是「清修」相。弟子當中修的最好的就是大迦葉，被稱為「苦行第一」，因為他捨得最徹底。但是，後世學佛之人可不能只學習他的外在形式，苦行只是其中一種修行方式而已。這是什麼意思呢？修佛者要想達到最高的目標，修成圓滿佛之淨土，要記住

不只是一個修行方式，在釋迦牟尼佛帶領祂的弟子身傳是呈現了一個方式，但是它不僅僅是一個，所以維摩詰居士才以另一個形式出現，這個形式也能成佛。換句話說，就是人不用離開世間、家庭，既擁有權勢威望、享受榮華富貴，也能修習佛法。

掌握大智慧，愈是上層的人的格局就愈大

維摩詰即使有妻室，兒女無數，但是他的心不為此而糾纏，不會被其所牽引；他財富無量，做生意賺錢容易成功，也能賺大錢，但前提不是為了賺錢而賺錢，不是為了這個生意去賺錢，只是在做這件事，心並沒放在這上面。也就是說，人享受世間的一切，但是不被其牽引，心還是在佛法上面，心是清淨的，外面的「形」不重要，不一定要以清修模樣、苦行的樣子呈現。

人不被自己的欲望所牽引，心一直都是和佛法在一起，心是非常清淨的，這個便是破了富貴貧窮之相，這也是一種修法。我們不排斥榮華富貴，關鍵是享受榮華富貴時不會深陷其中，心一直與「道」同在，一直與佛法同在，那就可以了。不是說所有修佛的人都必須呈現出窮苦相，如果出家人都是痛苦的，還有人願意修行？釋迦牟尼佛祖雖然離開了王宮，但是釋迦牟尼佛

祖是貧困的嗎？是窮苦的嗎？不是。佛祖雖然挨家去化緣，但是可不代表著他沒有錢、沒有財富，釋迦牟尼佛祖若要想要財富，全世界的商人、國王都得把其最珍貴的好物獻給祂，佛祖不需要掙錢，他掌握了大智慧，愈是上層、高端的人，其格局就會愈大，他們會為了得到一兩句智慧付出巨額的財富，這就是「上上根」的人。

如果說天天學習，天天修習佛法，生活卻過的特別窮困，這只說明你沒修好，沒掌握真正的大智慧。所有掌握大智慧的人擁有無量的財富、權利，以及那無上的尊崇，只是人家不想把心思放在財權上而已，這一點需要理解清楚。

在這種狀態下，你布施給我，看似是你提供食物給我，延續了我的生命，但是我無需感恩你，我來到你家來化緣，從另一個道理來講，我也是要把福德送給你，追根究柢我只是欠你一碗飯，但是你因我而得到無量的福德，到底是誰欠誰的，這裡如果不把因果關係梳理清楚，就會著於因果，被因果所限，被六道輪迴所限，所以必須看透這一點。我們得有這個高度去理解「為不受故，應受彼食」，兩不相欠。世間萬事萬物皆是如此，有布施者有受者，布施財物受的是法和福德，本無相欠。化緣本身就是在修道，從有相到無相，從小乘

到大乘之道升華。這是維摩詰對大迦葉講解的義理。

說明真正修行道場的地點

【以空聚相，入於聚落】化緣，需要到有人的地方，這個便叫做「聚落」，因為人都是群居動物。在有人的地方就是修行的「道場」，但是有人會問——到有人的地方不是就落入紅塵，受紅塵牽引了嗎？實則不然，人在紅塵人多的地方，這也是一種修為、修行，而挨家挨戶去行乞化緣，那是跟每一家一戶建立「緣」，這個過程本身就是修的過程。

維摩詰在這裡面講的都是大乘修法。大乘修法不注重「形」，在有形處修無形，在妄想處修淨念，六祖惠能在《六祖壇經》裡指出「淨心在妄中」，離開妄也即無所謂淨。關於修行，大乘菩薩道最講究的是在眾生中修行，因為有人的地方就是「道場」，而不是自己坐在某山洞裡與世隔絕，那是小乘的修法，叫做「修自己」，讓自己清淨下來；大乘菩薩道的修法正好與之相反。

維摩詰在告訴大迦葉哪裡是修行的道場？道場就在聚落處，雖然人身在聚落處，但心裡是清淨的，這個就叫「以空聚相」，身在聚落處，心不被任何人所牽

引，心是清淨的。惟有如此，人才能破得了所謂的假象，也就是聚落、大眾人群，這些都是假象，如果以此為真，人就會被牽引其中，深陷其中而無法自拔。

　　甚至，可能在行乞過程，某一天跟人接觸了，遇到一段情緣，這裡面會有什麼人？可能是有慈眉善目的人讓你有所好感，讓人特別想親近他，可能經常跟他聊天、喝個茶，這便結一個善緣。然而，結了善緣，人就會身陷其中，很難拔得出來，會想一直跟那個讓你心生好感的人親近；而後，有時候遇到了某一兇神惡煞對你破口大罵，你心裡面就會產生怨恨，也許會心生詛咒或是受委屈感，各種感受五味雜陳便全湧現，但這也是一個緣，結了個惡緣。又或許，一開門看到一位妙齡少女，亭亭玉立、如花似玉，一下子就讓你動心了，少女對你也有同樣好感，一來二去，情緣就出來了，更深陷其中無法自拔，甚至讓你因此而放棄出家之身，自古以來有太多人過不了這一情關。

　　在行乞的過程中結了各種各樣的緣，其實是藉由這個過程接觸大眾，然後破這些緣，讓自己的心能一直保持清淨，這就是真正的清修苦行，聚落是道場。遠離人群，結不了緣，就破不了。

煩惱來了才是起修

　　你覺得遠離了，就可以獲得清淨嗎？八識的種子就在人的八識內，是消失不了的，並不是說把自己關在山洞裡，我就清淨了，那是不可能的。哪怕人終其一生都在山洞裡，不接受眾生、不建立這種緣也不可以。它就在那裡潛伏著，外境沒有緣，它就潛伏著，但是不代表消失了。你可沒有化解它，也沒超越它。即使這一生躲在山洞裡，下一生還躲得過去嗎？這些緣只要是種子就會生「法」，到那個時候還是得去破。所以說大乘佛法講究以世間為道場，不怕煩惱，煩惱來了才是起修處。破了煩惱就是菩提。

　　《維摩詰經》這一部經典著重強調的精華所在，就是不讓人們離開世間去追求清淨，因為並不是形體上清淨了、與世隔絕了，人就清淨了。非常重要的觀點就是「心淨」則「佛土淨」。

　　這句話指出真正的修行道場要在聚落處與人交往，與人結緣，有「立」才有「破」，破的過程也就是昇華的過程；要有煩惱，不要天天像天人一樣享福報，完全都沒有煩惱，什麼事都一帆風順，這不是修行，修行就是在有煩惱時才開始起修，人世間煩惱不斷，但是

我們可以用各種修行方法去破除它，才能得到真正的如如不動，真正的清淨。

跳脫「受想行識」的循環

【所見色與盲等，所聞聲與響等，所嗅香與風等，所食味不分別】色，那是眼見的各種五彩繽紛、五顏六色、美與醜，這些東西都是人眼中所見。我見到了能不能就像沒見到一樣，這是什麼意思呢？這是告訴人們在世間的修行方法，這包含了幾層意思。

第一層意思，人所見的「色」都是假象，人們知道這是假象，所以看見就像沒看見一樣，看到了也不以此為真，也跟沒見到一樣，這叫「視而不見」。為什麼要視而不見？因為這個形態是假的。「所見色與盲等」，人要存著這樣心態。

第二層意思，人不受世間的「色」牽引，心不會受眼中所見而動。打破了「五蘊」狀態，意即「色、受、想、行、識」。在此之前，我們要先瞭解人如何對世間動心？心是如何被牽走的？其實就是透過幾方面，眼見有色，人的身體就有感受、有知覺感受，然後由此而心生思想。

隨後產生了「行」。這個「行」就是思維，思維

是一種活動，叫內心的活動，內心的思維是由「想」而來，而思想影響了「思維」，又影響了「行」，「行」就是人在執行現實中實際發生的行為，其實就決策來判斷，都是由「色」而引發的。眼睛看見了什麼，心就動了，感受後有了思想活動、行為活動，而後做出決策，最終在現實中真的就這麼去做，如此一來人和現實世界之間就建立了一種聯繫、一種糾纏，然後不斷的「受、想、行、識」，這樣就形成了一個循環。眾生就因此深陷其中出不去。

視之不見，聽之不聞

真正想修大乘菩薩法應該從哪開始修？就從起心動念處，在這兒就開始、結束，眼見的不是「識」，心就不會動了，要從「受想行識」的循環跳脫，打破它，放下對「色」、「我眼見」的執著。閉上眼睛，心才能打開。而世界的真相不是眼所見的，眼前所見盡是虛妄的、都是夢。真相是在哪裡呢？真相就在這個世間之「色」的背後。

我們用一句話來描述這個真相，叫「視之不見、聽之不聞」，真相是眼睛看不見的，是耳朵聽不到的。人如果不放下「眼見、耳聽是惟真惟實」這個觀點，就

永遠迷失於所謂表相的「色」與「聞」上，永遠見不到真相。只有把眼睛和耳朵閉上才能夠打開心門，才會看得到真相。簡單地說，閉上肉眼，就會打開天眼，閉上肉耳，打開的就是天耳，如此一來你就是天耳通、天眼通，這樣看見的萬事萬物它才是真實的。

這也是陰陽，眼睛所見的是「陽」，視而不見的那是「陰」，陰是本質，陰是來源，陽都是表現於外的，是動態的、是有形的、是有生滅的，是幻象。因此在行乞的過程中要修的是什麼？「所見色與盲等，所聞聲與響等」響，例如突然發生一個聲響，我聽到又好像沒聽到，因為即使聽到對我來說也沒有任何意義，這個就叫「所聞聲與響等」。

進一步說，聽任何人跟我說話，我心不動，我只是好像聽到了聲音，我不懂這是其意，這個時候它僅僅是聲音而已，但如果我懂了那聲音的意思，心就會隨其而動。當我行乞到這一家，受到這戶人家惡言相向，一開門看見是個和尚來化緣就罵，「你們這些和尚年紀輕輕，天天不務勞作，伸手向別人要飯，你好意思嗎？」張口罵聲不斷，我聽到了這些聲音，如果我明白對方說的意思，是在罵、指責，對方並不明白行乞的意義是來送福德的，在不理解我的情況下冤枉我，讓我飽受委

屈。當你聽到這個聲音的時候，一下勾起了諸多心理活動，那麼你就落入了凡人，被牽引進了無盡的妄想、妄念中，後面會引出妄作行為，這叫「妄作者凶」，人的煩惱災難就由此而來，與世人形成的一種牽扯，從而恩恩怨怨糾纏，永無求出。

心被外部世界牽引的背後含義

我們的心是被對方的聲音牽引的嗎？不是，是被聲音背後的含義所牽引。怎麼破這個「相」呢？他發出的聲音是對我發的嗎？不存在。他是罵我、讚揚我，還是在安慰我？不管是什麼含義，我不去做分析判斷。我聽到的聲音只是來自對方發出的一個聲響，在我這裡不會起任何牽扯，我也不會因此而有所感受，「色」就是「色」，聽到了就是聽到了，看到了就是看到了，我心沒有因此起任何想法，這是一種「修」。我們在行乞過程中，要修的就是這個。

正如前面維摩詰的「為不受故，應受彼食」，就是這個道理。

來行乞化緣只是為了活著──你給我一碗飯吃是讓我活，並非這個意思。我來到你家行乞，不僅僅是為了吃食，延續我的生命。作為僧人、修行人如果連這個

都破不掉，還覺得自己是為了一口飯，為了延續自己的生命而行乞，那根本就是不知道如何修行，你的化緣便沒有功德的成分在，只是單純為了活下去而已，這只是個凡夫，而不是修行人。

【所嗅香與風等】同樣地，在行乞時與人接觸，每一戶人家一開門，或許是香氣撲鼻，這戶人家提供的飯食色香味具足，但是我不能因此起心動念，「你看這一家給的飯真是香甜。太好了！」這樣我的心就有留戀，心便會被牽引；有的人家一開門，從室內傳出一陣陣惡臭，發霉、破爛不堪，出來應門的人也不洗澡，提供的吃食也酸臭的。這時侯，你就覺得心裡咯噔一下，吃不進、咽不下，這就不是修行。飯食給了你什麼東西？你接觸了什麼家？接觸了什麼人？嗅得香就是從味覺裡面來的。這裡要談的就是如何破嗅覺。

後面的「所食味不分別」則是講味覺，吃到嘴裡就是味覺，香軟酥滑，我能不能不分別？有些飯食特別粗劣惡臭，這個過程就是修行過程。

【受諸觸，如智證】什麼是諸觸，就是觸覺，身體五官接觸外在的所見所聞。

智證又是什麼意思呢？證得智慧的狀態，即心能「如如不動」。人們到了聚落處，也就是世間，以化緣形式和世間的人結緣，這是大乘菩薩道最典型的修法，不避世、不脫離紅塵，身體不脫離紅塵，心脫離紅塵，積極入世。然後以什麼形式入世呢？以化緣的形式。挨家挨戶去乞食，這樣你就能接觸到各色人。

修行自己清淨的「如如不動」之心

至於如何起修？則要從「色聲香味觸」，也就是眼睛所見、耳朵所聞、鼻子所嗅，要從這兒（五入處）來修。修大眾佛法的道場就在世間，還得主動的、有意地去和各階層的人建立緣分。在這個過程中，我們能不能破煩惱、化因果、能不能超越——超越我的身體以及五官的感受，以此來修自己清淨的「如如不動」之心。怎麼修呢？下面幾句話就在告訴我們如何修行。

【知諸法，如幻象，無自性，無他性；本自不然，今則無滅】在行乞化緣的過程中，要以什麼樣的心態來修行？「法」是法相。意思是我見到的一切人，對方對我的態度、在我身上發生的一切事、我所見到的一切物，這些就叫做「諸法」。人們要知道所有的一切事

物都是虛假的幻象，因此要修這個。我們在經典上理解的，叫做「解悟」；修的過程叫做「行悟」；最終後修成了，便叫做「證悟」。「知諸法，如幻象」，這得證到才能達到境界。那麼既然是幻象，就不存在他性，自性，就不存在所謂的「性」。

「本自不然，今則不滅。」它本就不是一種真實的存在，人們所接觸的、看到的這一切，哪有什麼生滅？只是因「緣」和合而成，聚合成一個物、一個人、一件事，緣散了，也就全散了。哪有自性？哪有他性？它是空的，所以這個就叫「本自不然，今則無滅」。但是，我們就把它當成沒有嗎？它又出現在我眼前，說它是假的，幻象不也是還「有」嗎？我要如何看待幻象，於是維摩詰教我們如何修行。

何為八邪道？

【迦葉，若能不舍八邪，入八解脫，以邪相入正法；以一食施一切，供養諸佛，及眾賢聖，然後可食】這一段非常重要，前面內容是引導我們去破「幻象」，但是「幻象」在修行過程有非常大的意義。我們不能把「幻象」當成虛假的，就認為它是「沒有」，因此就遠離它，認為它是「空」的，那樣便著「寂滅」相、「

空」相，執著於「空」，又是著了「二邊」。我們應該講究什麼呢？是以幻修真。在道家來看，這叫做「借假修真」；在佛家來講，便是「以幻修真」，「幻」和「真」是對立的陰陽兩面，「真」在「幻」中，「幻」在「真」中。

真真假假，假假真真，在幻中找真，離開了「幻」，便找不到「真」。對世間的「外六境」、「內五欲」，其本質上就是「幻」，它不是真的，但是我又不能因此就把它看成「空」、看成「無」。所以維摩詰便告訴大迦葉，若能「不舍八邪，入八解脫」。

修行佛法有所謂的「八正道」，與其對應的叫「八邪道」，涵蓋了八種謬誤、八種邪見。舉個例子來說，八正道當中，第一個就是「正知見」；邪就是邪見，第一個就是邪見，第二個是邪思維，第三個是邪語，第四個邪業，第五個邪命，第六是邪精進，第七是邪念，第八是邪定，這叫做「八邪」。

因為凡人就是以「八邪」為真，執著於「八邪」，脫離不了八邪，就認定八邪是對的，所以自己才會解脫不了。「八邪」相當於把人束縛在六惡道的八條繩索，人人皆在八邪中，以八邪為「正」，以八邪為「對」，所以人無法在六道輪迴中解脫。解脫之道是什麼

呢？

　　如果想突破八邪，必先認清它是邪的、是謬誤，去改正它，然後再修成「八正道」，每修出一道就是一個解脫，解脫以後我們就超出三界外，不在五行中，更不在六道輪迴裡受業報。當八邪都沒有了，是不是就能得到解脫？然而，八邪怎麼可能沒有呢？八邪不存在嗎？這種認知不對。從大乘菩薩道的角度來講，并不認定「八邪」就是錯，因為「邪」與「正」不外乎是一個事物的陰陽兩面，只要它存在便是合理的。因為它的存在一定有其意義，意義在於我們透過八邪能認識八正。

　　那麼，人要怎麼能得到八正道，怎麼才能走上八正道？其實是不斷地放下和破除八邪的過程中，人就已經走在八正的正道上。這裡的「八正」的參照物就是「八邪」。所以這裡所說的，如果離開了八邪，是找不到八正道的。總括來說，在看待任何事物時，不能存有「對」和「錯」、「空」和「無」之觀。哪有什麼對錯，正即是邪，邪即是正，正在邪中，邪在正中，「正」在「邪」中找，「邪」於「正」中存，這是我們要建立的一種觀念。

何謂「八解脫」？

八解脫又是什麼呢？其實在佛法裡也叫做「八背舍」（別稱是八解脫出禪波羅蜜），它是指依靠八種禪觀之力，從而捨棄對各種「色」與「無色」的貪欲執著。透過八種禪觀之力，就能達到捨棄各種色與不色的貪欲執和著，且每放下一個，就得到一種解脫。當我們把八個「邪」都放下了，就得到了八解脫，也就得到了佛的圓滿的涅槃境界。

八解脫包括內有色想觀外諸色解脫、內無色想觀外諸色解脫、淨解脫身作證具足住、空無邊處解脫、識無邊處解脫、無所有處解脫、非想非非想處解脫、滅盡定解脫。修行佛法具體使用的「禪定」，包括初禪、二禪、三禪、四禪等四種禪、八種定，境界都不一樣，分述如以下。

第一種解脫，內有色想觀外諸色解脫。這個意思是要除掉內心之色想，修習禪定，要在現實世界中觀內在一切物質，比如說五臟六腑、人體的大腦心臟，內觀便是我的身體，修不淨觀、白骨觀、汙穢觀、膿血觀，以此來觀內，放下我對身體肉身的執著，來達到空境而得解脫，如果修行達到這樣境界就入了「初禪」。

　　第二種解脫，內無色想觀外諸色解脫。這個是在第一初禪基礎上再往上提昇，我對「色身」的內在或者「色法」的障礙清淨了，不再留戀或迷戀身體了。「色」也是四大（地水火風），它不僅僅構成了肉身，它也構成了萬事萬物。所以對外境，我們也要透過「觀」來親近它，即外境萬物也是假的。在「觀」的過程中，把地水火風觀「空」，這是外觀，不是內觀。當我們用這樣方式來「觀」的時候，我把它觀空時就是連想都沒有妄想的，「空」掉了外面的物質世界。這也是解脫的一種，此時即進入二禪境界。

　　第三種解脫，淨解脫身作證具足住。在這個階段，身心內外都明淨、都空靈了。人們盡量看到實相，且從虛相當中便能夠「觀」出來了，是妄的、是虛的、不存在的。然後，就到了第三種解脫，那就是三禪的境界了。在這個階段，身體開始出現變化，對色身、外面世界的的認識已經不是認知觀點的問題了，開始起了「具足」。具足，從術語上來講，便是讓善根不斷地圓滿，然後捨棄之前的不淨觀心，於外色境之淨相修觀，令煩惱不生，身證得清淨解脫，由此能具足安住。第三禪的圓滿境界煩惱就已經很少了。

　　第四種解脫，空無邊處解脫。「超諸色想、滅有

對想、不思惟種種想、入無邊空」這句把這些不是世間常用的詞彙綁在一起，字義深奧有點難理解，不過可以這樣解讀：我們在前面階段的修行時已經讓肉身解脫了，接著對外境也解脫了，外面的人事物都解脫了、看透了。因此，到了第三個階段，我身心都解脫了，煩惱不生，身和心都清淨。然而，到了這個階段還不是「究竟」，還沒有到圓滿，因為「一有想，即生妄」，也要破，要達到「想無想，清淨想，不妄想」，這是在往上昇至第四階段，破掉「想」，盡滅有對之色想，修空無邊處之行相而成就之。這些都是佛法術語，對於初學者先有一個概念認知即可，因為再往更深的層次都是修行的必行階段，所以必須了然於胸，這非常重要。

　　第五種解脫，識無邊處解脫。意思要超越一切空無邊處，入無邊識，識無邊處，具足住解脫。這句話的含意是什麼？即在第四禪超越了，開始往「識」修。其實就是拋棄「空無邊心，修識無邊之相而成就之」。一層層往上突破，得八解脫。

　　第六種解脫，無所有處解脫。讓我們來用最簡單的語言來解釋一下，超越一切，食無邊處，入無所有處具足住解脫。即捨棄「識無邊心，修無所有之相而成就」。

　　第七種解脫，非想非非想處解脫。簡單的說，便是超一切無所有處，入非想非非想處具足住解脫。無所有處，這種狀態是一種境界，包括它對應的是身心的巨變。當人到了一個境界，二禪修成了，人的身心都得有巨變。三禪修成了一樣的巨變，八禪都修成了，人就完全不一樣了。

　　對釋迦牟尼佛來講，已經是完全修成，且修成了到後面，祂又從「定」中出來，就說這是「不究竟」，因為最後還沒有脫離三界，沒有成佛祖的圓滿的「正等正覺」。具足住的意思是真的證到了這個境界，這叫「具足住」，才是真的解脫，不只是明白「理」。這個意思就是捨棄了一切的無所有心，這個時候就無有明勝想，住非無想之相並成就之。當人修到了這個程度時，在現實中的起心動念、看人的時候、做的各種判斷與想法，跟普通人完全都不一樣，這已經很高的境界了。佛當時就是修到了「非想非非想」，達到了第七禪的境界。

　　第八種解脫，滅盡定解脫。我們來理解一下他的意思，這就是超脫「一切非想非非想處入想受滅身作證具足」，超越了一切非想非非想處天，入到哪裡了呢？叫「想受滅身作證具足住解脫」。「厭舍受想」，厭舍

「入滅一切心心所法之滅盡定」，其實你入滅了一切心、心所，任何念都不起了，還有心所外面的環境都不產生，「心所法」便叫「滅盡定」，而這就是圓滿的「定」。

對諸佛、諸聖賢最好的供養方式

簡單的總結一下，與第一、第二種解脫對治的是初禪、二禪，對治的是什麼？對治「顯色之貪」，意即貪欲裡面那點顯色。初禪對治「身」，二禪對治世界當中的所有物質。當我修到初禪和二禪的時候，既然身是「假」，那我便不留戀它了，我破的就是「內五欲」，至二禪破的就是「外六塵」。三禪、四禪修的是什麼呢？修淨觀，以無貪為性。這部分在後續講解修行階段時，將有專篇做詳細說明。

第四禪至第七禪依次以「四無色」之定善為性，「空、識、無所有、非常非非想」是四無色定。第八禪以「滅有所緣心」為性，以滅所緣之心。所緣心為性，這個就叫做「八解脫」，也叫「八勝處」，這是修行的八個階段。以上是從字面上來理解八解脫。要如何修禪定呢？有些佛書上或是論理的講說，認為是以「打坐」來修禪定，初禪、二禪、三禪、四禪，透過打坐過程能

修到什麼樣的程度，其實不然，修禪定並非如此。

得到八解脫的修行方式，並不是人們天天打坐，一天打坐三個小時或六個小時，其實修行是在人們的日常中，維摩詰已經具體地告訴我們方法了，從破八邪起修，在八邪中修八禪定。要如何才能破八邪，這叫做「不舍八邪」。離開了八邪，是修不成八禪定的。要將「以邪向入正法」的意思是，「正」在「邪」中求，離了「邪」也沒有「正」，兩者是一體的，莫以為沒有「邪」就是「正」。「以一食施一切」，指的是行乞對修行人來講，這行為包含了所謂的福德、智慧、功德，一切修行全都在這裡了。「供養諸佛，及眾賢聖」更進一步地講述，用什麼來供養？用金銀財寶供養嗎？諸賢聖及佛的願望是向眾生教化佛之正法，引領眾生破迷開悟，走向修行「正法」的道路。

所以說對真正的修行人、諸佛與諸賢聖的供養，要用什麼方法才是最好呢？就是自己真正的領悟，能夠修行佛法，使自己達到大乘菩薩境界，修成佛果，這樣便是對他們最好的供養。總括地說，透過一個化緣的一個行為，人便已經在修一切佛傳予的佛法，而這就是對諸佛、眾賢聖最好的供養，也是他們最希望看到的結果。一旦你明白這個「理」，你才可以來行乞化緣，才

可以吃化緣來的食物。維摩詰這段話有很深的涵義，看似文字簡單，語言很優美，但是義理特別的深，一般很難掌握。

無相布施的大乘之道

【如是食者，非有煩惱，非離煩惱】倘若你能夠抱持著這樣的心境來乞食，很容易就能做到的，既沒有煩惱，又不離「充滿煩惱」的事件。人活在世間，這個世間本身充滿了煩惱，這叫做「不離煩惱」。「非有煩惱」，人之所以面對的煩惱，其實是因為還在修煉「清淨」，當達到了「我還沒有煩惱，不受煩惱所束縛」的境界，這便是「化煩惱為菩提」。

【非入定意，非起定意】在這個過程中，其實就是在修四禪八定，你隨時都在「定」中，根本不起「我要修定」這樣念頭，卻又時時都在「定性」中，這是真正的「定」，大乘菩薩道講究的「定」不是打坐入定，是在煩惱中、在百姓的日常中、在持缽化緣、與人的交流溝通、為人排憂解難的過程中、受人冷眼惡語羞辱的過程中，我們都是在修「定」，一旦離開這些定無可定，無從談起所謂的「定」。

【非住世間，非住涅槃】一般總覺得世間就是五濁惡世，而涅槃是佛祖淨土，世間的五濁惡世和佛陀淨土相隔遙遠，兩個極端對立的世界。五濁惡世就是黑暗，濁就是惡，充滿暴力衝突，佛陀淨土便是特別美好安寧，這樣的觀點是不對的。五濁惡世既是佛陀淨土，佛陀淨土就在五濁惡世裡。所以當我們持這個觀點來起修，便會發現自己身處的世間就是佛陀淨土，而佛的涅槃就是無所得，要是將兩者分開，那就是心裡產生了「分別」。

要是還悟不到真相，那麼你離真相就愈來愈遠，你愈是將它分開，離真相便愈遠。就好比天天嘴巴裡念阿彌陀佛，想往西方極樂世界去，想離開現在所處的五濁惡世，心心念念要是能去西方極樂世界、蓮花世界去，去不了真的太痛苦了，這個不叫修佛。西方極樂世界在哪裡？它就在我們腳下的五濁惡世裡，心念一變，心念一轉，五濁惡世立刻化作蓮花。

【其有施者，無大福，無小福；不為益，不為損】有施者，這個意思是那些供養你的施主們，他們要怎麼修？施者和被施者都要知道，施者不會因為他供養

的豐厚，而得到大福報，但也不是說得不到福報。施者的心裡不能存有供養愈豐厚，所得的福報愈大，然後為了讓自己能得到更大的福報，因此提供更加豐厚的供養；反之，也不能說供養的少，得到的福報就小。為了得福報而追求供養的厚薄，這是一個錯誤觀念。所以維摩詰才指出「有施者，無大福，無小福」。

　　從大乘菩薩道來講，布施不分大小，其實都無功德。哪怕是布只布施一粒米，福報功德大如須彌山，這叫做「無相布施」。為了得到什麼而布施，那麼得到的福報是非常微小，更甚著還不一定得到福報，搞不好是罪孽。「不為益，不為損」，這是針對布施者來講，修大乘菩薩道不應該計較多寡厚薄，由此而產生福報的爭議或者減損。別去算計！我供養了一個學校，個人福報會增加多少呢？那我捐贈學校五十萬元，下一世的個人福報是不是就能增加到五個億呢？不能這樣來算，完會沒有意義。我們該如何理解這句話呢？意即我們要無相布施，布施就是布施，是發「心」來的，不圖求什麼，完全發自真心。

　　【是為正入佛道，不依聲聞】唯有如此修行，你「入」的才是大乘佛的道，才能得到最高的佛祖涅槃的

境界，而小乘聲聞道最後修成阿羅漢，也就是阿羅漢解脫的境界，那叫「小乘」。所以你只有以這樣心態、狀態，修「布施法」，這叫做無相布施，如此才能夠入大乘佛道。

教化眾生講求以其根性及機緣

【迦葉，若如是食，為不空食人之施也】如果你按照這樣的境界來乞食、進食，這才是透過乞食、進食的過程修大乘菩薩道，才不會辜負眾施主對你的布施，這個就叫「得道」，不僅僅是為了吃，為了活著。如果只是在形上去做乞食，那就是小乘。所以，一定要把乞食和化緣當作大乘菩薩道最重要的修行方法。

【時我，世尊！聞說是語，得未曾有，即於一切菩薩，深起敬心，復作是念】大迦葉對釋迦牟尼佛說：「維摩詰居士您說的這些話是我前所未聞，聽了以後大開眼睛，讓我對大乘菩薩道產生深深的敬意，而且心裡也在想。」

【斯有家名，辯才智慧乃能如是，其誰不發阿耨多羅三藐三菩提心！】維摩詰居士是一位在家的居士，

有妻有子，卻有這番出眾的智慧和無礙辯才。聽了居士的說教之後，誰不發阿耨多羅三藐三菩提心！

【我從是來，不復勸人以聲聞、辟支佛行。是故不任詣彼問疾】「辟支佛」其實也叫「緣覺」或者叫「竹覺」，這個意思是小乘的成佛境界，那些專修四聖諦、十二因緣，自學得到的，都叫做「小乘」，沒有辦法傳揚自己所悟的佛法，因為自己修的不是大乘菩薩道，所以從那以後再也不勸人修習小乘道。

大迦葉的這段回話：「像我這樣的修法境界，怎麼能勝任去探視維摩詰居士的重任。」很耐人尋味，身為佛祖的大弟子，佛祖教他幾十年了，難道佛祖不知道大乘菩薩道的法嗎？大迦葉聽到維摩詰說「法」的反應是第一次聽到大乘菩薩道，為什麼佛祖不教他，而是維摩詰來教他呢？

其實，佛祖教化眾生，是以其根性、教化機緣是否成熟，根性、機緣成熟到哪一步就教到哪一步，佛祖不是一下子就把最高的「大乘菩薩道法」教給弟子。而且大迦葉其實修的是小乘，佛祖知道這是大迦葉在這個階段應該做的修行。那麼，為什麼維摩詰居士把大迦葉找來對他說「法」呢？維摩詰給大迦葉說了這一番話的

用意，並非要讓大迦葉一下就超越到大乘菩薩道，而是透過對大迦葉傳法，維摩詰要把上上根的法留在世間，這也是一個緣起。

　　總而言之，我們不要心存疑惑，不要有困惑，佛的十大弟子最後全部都修成了阿羅漢境界，也是當弟子真正修到了阿羅漢境界時，佛祖才會教他們大乘菩薩道的修法。

第四節 開示須菩提「放下分別」

　　佛告須菩提：「汝行詣維摩詰問疾。」須菩提白佛言：「世尊！我不堪任詣彼問疾。所以者何？憶念我昔，入其舍從乞食，時維摩詰取我缽，盛滿飯，謂我言：『唯，須菩提！若能於食等者，諸法亦等，諸法等者，於食亦等；如是行乞，乃可取食。若須菩提不斷婬怒癡，亦不與俱；不壞於身，而隨一相；不滅癡愛，起於解脫；以五逆相而得解脫，亦不解不縛；不見四諦，非不見諦；非得果，非不得果；非凡夫，非離凡夫法；非聖人，非不聖人；雖成就一切法，而離諸法相，乃可取食。若須菩提不見佛，不聞法，彼外道六師：富蘭那迦葉、末伽梨拘賒梨子、刪闍夜毗羅胝子、阿耆多翅舍欽婆羅、迦羅鳩馱迦旃延、尼犍陀若提子等，是汝之師。因其出家，彼師所墮，汝亦隨墮，乃可取食。若須菩提，入諸邪見，不到彼岸；住於八難，不得無難；同於煩惱，離清淨法；汝得無諍三昧，一切眾生亦得是定；其施汝者，不名福田；供養汝者，墮三惡道；為與眾魔共一手作諸勞侶，汝與眾魔及諸塵勞，等無有異。於一切眾生而有怨心，謗

諸佛，毀於法，不入眾數，終不得滅度。汝若如是，乃可取食。』時我，世尊！聞此茫然，不識是何言？不知以何答？便置缽欲出其舍。維摩詰言：『唯，須菩提！取缽勿懼。於意云何？如來所作化人，若以是事詰，寧有懼不？』我言：『不也。』維摩詰言：『一切諸法，如幻化相，汝今不應有所懼也。所以者何？一切言說，不離是相；至於智者，不著文字，故無所懼。何以故？文字性離，無有文字，是則解脫；解脫相者，則諸法也。』維摩詰說是法時，二百天子，得法眼淨，故我不任詣彼問疾。」

【佛告須菩提：「汝行詣維摩詰問疾。」】前文分別提到佛要派三大弟子去探望維摩詰居士，但包括舍利弗、大目犍連、大迦葉等都覺得自己無法勝任。佛現在找到了須菩提，問說：「你去維摩詰那，代表我去看望他。」

須菩提出生於婆羅門家庭，是佛教裡非常有名的佛弟子之一，他以恒（恆）樂安定，善解空義，志在空寂，在佛的十大弟子當中號稱「解空第一」，不同於大迦葉的修行，須菩提每天出去化緣，找富貴人家去化

緣，這是因為他同情窮人的貧困，不願意讓窮人為他再額外花費，所以他專門找富貴人家去化緣。大迦葉的想法剛好相反，他專門向窮人化緣，因為大迦葉想透過向窮人化緣讓他們付出布施，進一步積善。

其實，佛祖都不贊成兩個弟子的化緣方式，都有所責備。因為從佛的角度來講，化緣和布施應該是隨順自己的因緣，不應該有所選擇、有意識的加以選擇。這樣子其實就已經著了「相」，眼中有富貴便有貧困，給誰積德多付出多花費，著的都是人相。佛祖不贊成兩位弟子的做法，持缽化緣走到哪裡就是哪裡，這個就叫「隨順自己的因緣」。由須菩提衍生出一部非常著名的《金剛般若波羅密經》，這本經書其實就是須菩提和佛的對話記錄。

須菩提是「解空第一」，所以他在佛教的經典當中經常出現，以他作為緣起，尤其就禪宗來講，須菩提是非常重要的人物，在《法華經》裡面被佛祖授記，將來無量劫以後會成佛，其佛號叫「名相如來」，由佛給他授了記的，真正被佛祖親自授記的弟子中，一個是須菩提，另一個就是彌勒菩薩。

關於須菩提的種種在中國流傳甚廣，比如說《西遊記》故事裡的主角之一孫悟空的師傅便叫菩提祖師，

也就是須菩提。傳說他住在靈台方寸山斜月三星洞，教授孫悟空七十二般變化，長生不老、乘坐筋斗雲。

【須菩提白佛言：世尊，我不堪任詣彼問疾。所以者何？】意思是說，師尊我也不能勝任這個任務，為什麼呢？

【憶念我昔，入其舍從乞食】曾經有那麼一天，「入其舍從乞食」中的「其」指的就是維摩詰居士。須菩提到他家去化緣，因為須菩提挑富戶來乞食，而維摩詰居士是數一數二的大富豪。

【時維摩詰取我缽，盛滿飯】維摩詰就把他的缽拿過去了以後，把飯盛滿了。

【謂我言：唯，須菩提！若能於食等者，諸法亦等；諸法等者，於食亦等】這段話的個意思是，在行乞的過程中，能以一種一切平等心態來行乞來化緣，那麼在面對諸法時，也是同樣的道理，要以一種平等的心態來化緣，不要產生分別，這裡講的是大乘菩薩道的理。後面接著說到「諸法等者，於食亦等」，如果能以平等

的心來看待一切的法，那麼在乞食的過程中，其實也能做到眾生無所差別。

不要把本體與社會政治混淆

維摩詰是針對須菩提來講這段經義的，即不應該分別富豪、貧困人家，有所選擇地做化緣。因為真正的佛法是與諸法平等。所謂的平等在生活各方面都要體現出來，雖然人有三六九等的階級，但是在佛法講的是人性，從人的本性來講，眾生是平等的，人的本性上是平等的。

但是就社會結構來講，是無法做到絕對的平等，等級制度的存在是便於管理。這一點，在學佛法的時候要特別注意，不要把這種從本性、本體上的東西和社會性、政治性，全混淆在一起。比如說，現實中的萬事萬物各有其形，高低上下，尊卑貴賤，其實都有其等級，而萬事萬物的本質是一樣的，都是由地水火風等四大元素組合而成，從本質上來講都是幻象，都是如一，沒有區別。然而，從本質上來講沒有區別，從形上來講卻是有區別的，同時它也是有等級的，有貴賤、尊卑，這個是不可否認的，不可磨滅的。不能因為萬事萬物本質是一樣的，各方面都要趨向一致，也就是說不能把微觀

的、本體的特質，與宏觀的、外顯的有形特質規律混淆在一起。

在這裡，維摩詰對須菩提所講的都是本性、心體上的層面。

【如是行乞，乃可取食】如果你是在行乞過程中修平等法、練無分別心，在這種狀態，你就可以取我布施給你的食物。簡單地說，你不是為了活、養活自己，來行乞化緣的，而是為了在行乞的過程中不斷地修法，如果是這個緣故來化緣，那麼你就可以吃這個飯。

提示須菩提要斷淫怒癡才能得道

【若須菩提不斷淫怒癡，亦不與俱】如果須菩提在不斷絕，或不斷滅淫心、執著於這種分別嚮往，「怒」是嗔怒、嗔恨；「癡」，愚癡，如果你能夠在不斷絕淫欲和愚癡的同時，又不會被這三個根本煩惱所束縛，這就是「不與俱」，不會深陷其中。

如何能不斷絕呢？修佛法時，告訴人們要斷五欲，包括話淫欲、嗔欲，愚癡等最根本的欲望，都應該斷絕它，心才能清淨。這裡須注意，這個對話的語境是什麼，它是針對不同境界說的。對凡夫俗子來講，就得

生出「斷離舍」之心，然後才能得清淨。因為凡人一旦淫欲之心智過度熾烈，天天、時時刻刻都想，怒氣怒火沖燒，碰了點事，嗔恨之心馬上就旺燒起來。

　　一旦有點嫉妒，看別人好的時候，先羨慕、後嫉妒，怒火中燒，別人比我們強我們是受不了的。同時，人們執著於現實世界就是真相，執著於色身，包括我們的五識所呈現的一切，我們就脫離不了，這就是愚癡。對凡人來說，天天跟「淫」、「怒」和「癡」在一起，遠離了「道」，遠離了清淨心，我們就看不到「真相」和「本我」。凡人的修行，得先從「斷」、「離」、「舍」三個根本煩惱開始修起，這是有形的「修」，真的要「斷」，「斷」的意思就是克制。那斷淫，淫是色，「色」又是什麼呢？我們眼中所見的美色不僅僅是人，比如奢侈品、名畫等特別喜歡的東西，都是屬於「色」。以音樂為例，有的時候沉迷在那美妙的音樂中，可能一聽都聽一整天，不吃不睡地陶醉於其中，這都是屬於一種「淫」。比如打遊戲三天三夜不睡覺、在夜總會流漣忘返，這一類狀態在現實中都屬於「淫」，這需要在有形上克制它，不受其影響和干擾，不被這些物欲或美色把心給牽引走。

斷與放縱都叫「凡夫的境界」

　　同理，在「怒」起修也是如此。特別是那些有點身分地位、有面子的凡人非常注重自尊，有點讓人瞧不起，或者被人誤解，或感到委屈，馬上怒火中燒，很難控制。在這種狀態下，凡夫剛開始起修要強烈的克制，這叫做「戒」。關於愚癡的起修也是一樣，為什麼維摩詰在這裡提出不要斷「淫、怒、癡」？「淫、怒、癡」，也叫滅。

　　戒斷「淫、怒、癡」和放縱「淫、怒、癡」是同樣的道理，都是兩個極端，這就叫「二邊」。放縱是凡夫所為，深陷其中不可自拔，戒斷「淫、怒、癡」也是凡夫所為，這叫做「二乘」，最高也就是「聲聞緣絕」，別以為斷了，那樣的斷就叫「壓抑」，這都是凡夫的境界。這裡提出來的「不斷亦不與俱」，這個狀態已經不是對凡夫俗子，也不是針對剛修行者、初地菩薩講的，而是對須菩提來講的。須菩提一味地修「斷」，而他在「斷」的修行已經差不多了，因此維摩詰提示他：「『斷』也不對，這也是二乘聲聞的修法，不要去『斷』，但是又不為其糾纏，又不會深陷其中，要掌握好這個理，這就是境界。這修的就是中道、中觀之道，這

就有高度有境界了。

如何能不斷「淫、怒、癡」，又不被他所迷惑、牽引，不會無法自拔，該怎麼掌握這個「度」？而淫、怒、癡本身不是「惡」，本身不是「壞」，它是中性的。真正要想修佛修道，昇華到大乘菩薩道的境界還離不了「淫」，離不了「怒」，離不了「癡」，不能只是把「淫、怒、癡」當成壞，它也有積極的一面，成佛要想清淨，心體清淨了，不能深陷「淫、怒、癡」當中；但是要想成佛，想修成大乘的菩薩道境界，是離不了「淫、怒、癡」，這是修行的動力。

戒體無礙是對上上根者說的

這一點值得大家深入理解。但是這個話，只是維摩詰居士對須菩提這一類小乘菩薩講所講述，而且是因為須菩提已經有了一定的根基，以及一定的學佛修行基礎。凡夫俗子不可以誤解這一段話，不要聽了維摩詰跟須菩提說不斷「淫怒癡」，在現實中便盡情放縱「淫、怒、癡」，覺得維摩詰居士有老婆有孩子，金銀無數，維摩詰的脾氣也不好，跟人說話都是斥責，多有威望、多有力量，而我們跟維摩詰居士學，就此盡情放開了，做得比以前還過分，想著這樣也能修成佛，更何況還必

須得這樣才能修成佛。

如果你是這麼想的話，那你就大錯特錯了。

須知道，普通人是不可以這樣做的。對於普通的凡夫來講，首先要從「斷淫、怒、癡」開始克制自己，我們知道這是不好的，這是「惡」的、「壞」的。或許有人心存疑惑，「老師您不是說不能分『好壞』嗎？」這句話是針對那些已經到了阿羅漢境界的人所講的，而你做到了嗎？現在的你還是凡夫俗子，好好地開始去練三無漏學，先從戒定慧的基本功開始練，由定而生慧。身戒還沒做到，怎麼能做到心戒呢？有很多人學禪宗的法，學偏了，自以為自己是上上根，說戒時也不從身上戒，覺得一步到位就到了心戒，但「戒體無礙」是對上上根者說的。

上上根者生生世世修身戒，已經修得很清淨了，然後開始修心戒，破身相之有形，才能夠修心戒，它是有過程的。但對於普通的凡夫俗子來講，身戒還做不到，卻不斷地放縱自身，去強調無形無相修心戒，這全然是藉口，天天放縱個人欲望，追逐名聞利養，美其名曰「酒肉穿腸過，佛祖心中留」，果真如此嗎？

接納是一種平衡，修的是一種平等法

　　因此，在學習《維摩詰經》時，要注意自己是什麼階段，且在聽經的時候，不要想得太多，別一步把自己拉到跟佛的十大弟子同步境界，那就是大妄想，會大妄作，接著就會置身於凶險，給自己帶來無盡災難，這可千萬要注意阿！在這裡，維摩詰再告訴須菩提要修平等法，要放下分別，既然如此，那麼「淫、怒、癡」和「戒定慧」是不是平等？

　　事實上，要能放下分別，就不要覺得「淫、怒、癡」是不好的，要想修成佛法的話，人們會誤解為必須得徹底地清除掉「淫、怒、癡」，最後變成純白，才是至高至上至白至聖至賢的所謂「佛」，要知道真正的佛法——是最圓滿、最通融的，是最接納、是無所不包一切的；真正的佛法是大海，而不是至清至淨的水，大海包容百川，任憑再汙穢不堪的髒水，也是一概接納，沒有任何的選擇，這叫「佛法」。

　　人們對待自己的一切行為，也要做到「完全接納」這一點，但是接納可不代表著放縱，接納「淫、怒、癡」並不代表放縱個人的「淫、怒、癡」。接納是一種平衡，修得是平衡法，而不是放縱自己。放下分

別的具體修行方法，接納絕對不等於放縱。我們既不放縱「淫、怒、癡」，也不放縱追求清淨的心、清淨的行為，兩邊都不放縱，最後得到的就是佛法。兩邊都有，我既有清淨，又有「淫、怒、癡」，一視同仁的看待，沒有分別，既不放縱，也不壓抑。在把握這兩個品質的過程中，體悟佛法的真諦，這個就叫「中道」。儒學也稱之為「中庸」，在道學來講就叫「平衡」，講的都是同樣一個道理。

如何提升修道的高度

【不壞於身，而隨一相】身是怎麼來的？身是地水火風，「四大和合」而長，它是假象、幻象。我們怎麼修佛法呢？要壞「合和相」，才是修佛法的起修處，不要把身體當真，它就是一個四大和合之產物，緣到了就聚，無緣便散去。散了以後，身體其實什麼都沒有，又歸於大地，它就沒有什麼了，指的是身體之行。

修佛法要如何起修呢？我們要修不淨觀、修白骨觀、汙穢觀，也就是要看透身體是假的，是膿血的，是不淨的，是四大和合而成的。而後，我就會生出厭離心，看透這是假的，才可能去找真，把關注點放在「真我」上。在修佛法的起初是先把心從外面收回來放在

身體上，然後把身體修空，身體的本性就是空的。由此看來，壞「合和相」就是起修第一步。所謂的「不壞於身」，人們到底是要壞「合和相」，還是不壞「合和相」。這是一個過程階段，在凡夫俗子這個階段把身體認作是真，當成是「實有」和「客觀存在」的前提下，我們要修「壞和合相」。

以身為壞，以身為假，以身為虛，這是一種超越。悟出來本性是「空」，悟出來「無我」，這是學佛第一步。然後才能引申出去，我的欲望是由我的身體發出來的，所以欲望本身也是幻象、假的，也是虛。再引申出去山河大地，日月星辰，揭示由我的心發出去的山河大地、日月星辰，只是被我的五識所感受。在大腦的中樞神經處形成了各種圖像、聲音、味道，以及各種觸感，其實一切皆假，就是由自身而向外延伸，整個宇宙自然都是假象、幻象，這個便是修習佛法的起修處。

但是，如果真的悟到了身以及外物，所有一切皆是「空」的狀態下，就不能再繼續執著於所謂的「空」和「無我」了。因為，再繼續執著下去，你就從一個極端走向另一個極端。佛菩薩告訴我們，空而不空，空中含萬有，虛而不虛，虛中有真，虛中有實，假而不假，假中有真，又把我們往回拉，拉到「不壞於身，而隨一

相」，這句話的意思是人能夠看到自身的存在，認同自身是存在的，同時又能體悟諸法不二，任何的萬有都是平等一相，即本質都是一樣的，它的本質還是「空」，但是「空」不等於沒有。

維摩詰在告訴須菩提的時候，其實就是在把他往上拉，達到新的高度。但，初學佛法的凡夫俗子、初地菩薩，看到這段經文時，千萬不要想一步登天，因為你現在還不可以說你的身體宇宙之外都是客觀存在、真實在的，以前就這麼執著的認為它有，它是客觀存在，所以你便以欲望為真、以財富權貴為真、以自尊心為真，人們一定要從「離、斷、舍」開始破，而後到了阿羅漢境界時，在朝向大乘菩薩道走的時候，再往回拉，這時候才是去體悟「虛中有時」、「假中有真」的狀態，屆時就接近中道，到達了中道就成佛了。

【不滅癡愛，起於解脫】現今常聽到若想要修佛就必須放下愛、情、癡心，如果不放下癡心，還有著愛，就會不捨，無法對五濁惡世心生厭離，這樣怎能修佛國淨土呢？此岸捨不得，彼岸也不想去。但是，這裡告訴我們，真正想要修大乘菩薩道是不可以全然的放下癡心愛欲，還得「有」，意思說在帶著一片癡心和愛欲

的同時，又能同時得到解脫。

癡心和愛欲是可轉化成大慈大悲

　　這個是非常有難度的：因為做事要麼「有」，要麼「無」，要「有」就是什麼狀態？即不斷地發揮放縱癡心，一味地留戀，深陷其中；要說「無」乾脆就不要，就脫離，不去看，看不見自然就不沾染任何的癡心和愛欲，以為這就是「解脫」。

　　其實，大乘菩薩法告訴我們，這也不叫「解脫」，這還是「二乘」，最高修個聲聞緣覺，你還是帶著分別心的，覺得有癡心和愛欲就是不好，因為有了癡心愛欲、放不下，就成不了佛。一味的就遠離那癡心和愛與不敢動感情，不敢有癡心，是否就是修行？錯了，這不是修行，這修行就叫「二乘」，也叫「外道」。然而，即使是「外道」，它也是修佛的初學者必須經歷的。

　　當斷得差不多，世間的一切癡心愛欲都不沾染時，完全能「斷離舍」，在癡心和愛欲方面完全不起心動念，這時，維摩詰居士告訴你：癡心和愛欲不是不好，若想要修成圓滿的佛還是得從癡心愛欲來修，這是什麼樣的境界呢？要保有著癡心和愛欲的狀態，但不是深陷其中，不是放縱形體上的癡心和愛欲。癡心和愛欲

是可以轉化成大乘菩薩的大慈大悲，也因此不論是千手千眼觀世音菩薩、大慈大悲觀世音菩薩，都是把對個人的癡心與愛欲，轉化成對眾生的癡心與愛欲，這便是一種轉化。

一旦把欲望的力量轉化成願力，即癡心愛欲的存在是沒有錯的。我們要放下及捨去的是一個人在形上不斷地放縱，及深陷於現實中對物質的癡心與愛欲，甚至是對某人的癡心與愛欲。癡心和愛欲的本身不是罪錯，重要的是人們要學會轉化，在拿著癡心和愛欲的同時卻不會為其癡迷，同時能得到解脫，這才是大乘菩薩道的修行方法。

其實，這些都是維摩詰居士在告訴須菩提，一切諸法皆從平等而來，放下「分別」才是真正的高度，才是真正根本的「道」。

如何身心俱得解脫

【以五逆相而得解脫，亦不解不縛】犯五逆，那是什麼重罪？帶著犯五逆重罪之身，造的是五無間業，就要落入無間地獄的最大業。什麼是五逆？五逆又叫「五無間業」。五逆包括第一是殺父；第二是殺母；第三是殺阿羅漢，阿羅漢是已證得阿羅漢果的聖者；第四是

出佛身血，比如說把佛給傷了，或是毀壞佛像，不讓別人信仰佛，這便是「出佛身血」；第五是破和合僧，指的是什麼呢？因為修行講究僧團，大家志同道合聚在一起共修，如在這其中挑起大家的勾心鬥角，傳壞話，讓這些僧團不團結，不能在一起共同修行，心靜不下來，最終導致僧團破裂，產生很大的分歧，這就叫做「破和合僧」。

　　修佛的人別說不能犯五逆重罪，甚至是五輕罪都不能犯。但是，為什麼維摩詰居士又跟須菩提說以五逆相，而得解脫，這是什麼意思呢？維摩詰的意思是，他甚至都能夠以五逆重罪之身而獲得解脫，那須菩提身犯五逆重罪，在惡業累累的情況下怎麼解脫？

　　犯著五逆重罪又能解脫，最低程度已經是破了因果。不破因果，別說五逆重罪了，你犯的輕罪最後都得有業報，解脫是清淨，是至清至淨，我心真正清淨了我才能解脫。但是人為什麼解除不了？因為人有各種的諸業纏繞、遮蔽光明。犯了五逆重罪，相當於人的頭頂都是漆黑的一片烏雲，看不見一點陽光，但是，如果修行大乘的菩薩法，就能破掉五逆重罪之惡業，人當下就能得到清淨，也就是「解脫」。大乘菩薩法到底是什麼法，能把這五逆重罪給破了？維摩詰一直跟須菩提講

的，這叫平等法，無分別心，這個便是修大乘法門的入門之處，當修至最高時能破五逆重罪，身心俱得解脫。

　　沒有什麼需要去解脫的，也沒有什麼叫做罪業、罪孽，當連這樣的念頭都沒有，沒有解脫的念頭時，人也就沒有什麼可被束縛、被牽引。一旦沒有什麼能束縛和牽引你時，其實也就解脫了，這便是「不解不縛」。如何能做到？在學習這一段經義時，有些凡夫俗子聽了以後一下產生這樣的錯覺：「原來我造五逆重罪，一樣也可以成佛，也能同樣解脫。」

　　問題是，你還沒造那五逆重罪，現在就解脫不了，就生生世世所造的善業惡業都已經糾纏不清，痛苦不堪了，如果還造五逆重罪，憑什麼能獲得解脫呢？如何能從惡業惡報中脫離？因此，人別聽了這個話以後心花怒放，覺得自己可以任意妄為，無所顧忌，自以為修成，實情差得太遠了。造五逆重罪又能得解脫的修行人至少是阿羅漢以上。但是話說回來，當修到阿羅漢境界時，還能造五逆重罪嗎？即使造了五逆重罪，也不是為自己的欲望、貪婪、嫉妒，去做下殺父殺母之事。阿羅漢大菩薩並不是不殺，他殺的絕對是為眾生，但是在本質上是完全不一樣。人若修到了阿羅漢的階段，也可以犯五逆重罪、以五逆向而得解脫。

　　在此之前，如果是普通的凡夫俗子的話，別受這一段經典的影響，因為你還沒修到那個境界。凡夫俗子真的敢犯五逆重罪，現實法律也會嚴厲懲罰之。在精神領域是永世不得翻身，下無間地獄永無出期。

修到「上上根」即放下分別心

　　【不見四諦，非不見諦】修到這個階段的人，已經不會從意識層面去刻苦地追尋「四聖諦」之真理，那是凡夫俗子或初學佛法的人去研究鑽研的。到了阿羅漢境地時，就已經不去追求它了，但是又對「四聖諦」有真切的證悟，放下對「四聖諦」的追求，那你所追求的不就是有形嗎？覺得「四聖諦」是對的，這也是分別心，當修到一定程度，這種分別心也要放下，放下並不等於「沒有」，放下不等於否定、不認同。放下了，但同時我又能證得四聖諦，其真理是如何的真切。

　　【非得果，非不得果】意思是等修到了「上上根」，也就是說阿羅漢境地時，其實已經完全放下了對「道果」的追求，同時又能證得道果。到了阿羅漢境界向大乘菩薩道境界昇華時，人得放下對四聖諦的有形追尋，對道果的追求也得放下，因為畢竟還是有形的，只

要放不下有形的，境界就上不去。

就像如果不放下對身體的欲望，一定不可能昇華到「有色界」；當你昇華到「有色界」時，放不下對生死的執著，永遠到不了「無色界」；如果你在無色界放不下「我執」，還覺得有個「我」，永遠都出離不了三界，也就得不到阿羅漢的果位。因為在這昇華的過程都有一個「放下」的過程，都有「放下」的東西。在阿羅漢境界放不下「法執」，永遠都升不到大乘菩薩境界，也成不了佛果。境界不同，放下的東西就不同。如果你還在追求著「我要成佛」，要成為那大乘的菩薩，我要救苦救難、要成人之美，那麼便永遠出不了三界，即使在二乘，還是有著巨大的分別心，認為凡夫、菩薩和佛是有區別的，人就跳不出三界，做不到諸法平等，也做不到本性一如，永遠得不到阿羅漢果。

【非凡夫，非離凡夫法】不刻意追求脫離凡夫俗子，但是我又不是一般的凡夫俗子，所言所行都是脫離了凡夫俗子的，但是在我眼裡看來，又不覺得凡夫俗子不好──沒有那種要脫離凡夫，然後向聖者去昇華、圓滿的想法，即放下了，平等了，凡夫即聖者，聖者即凡夫，凡夫中有聖者，聖者中是凡夫，即聖者都是凡夫種

來的。當然這是指本性上的平等，皆是一如的狀態，所以在我眼中沒有誰是凡夫，誰是聖者。凡夫法是百姓的日常日用，這就叫「凡夫法」──該吃飯吃飯，該睡覺睡覺，該努力努力，該掙錢掙錢，該娶妻娶妻，該生子生子。我每天都在做著跟凡夫一樣的事，你看不出區別來，但是我已經轉變成聖者了。聖者不刻意讓自己脫離凡夫，或刻意的想讓自己與眾不同。修為愈高的人、平等法修得愈好的人、愈能放下分別心的人，大菩薩其實等同於凡夫，別人看不出來他就是一個普通人，其一切言行舉止跟凡夫無異，他達到了大乘菩薩的境界，沒有什麼與眾不同的地方。

【非聖人，非不聖人】不刻意追求要成聖、成佛，但是我已經達到了聖賢的境界，這便是「非聖人非不聖人」。你說他是聖人嗎？他不過是普通老百姓；你說他不是聖人，他就是聖人。看著這一段話似乎是矛盾的，但是「理」就是這個「理」，也就是對上上根的人所講的，要能做這一點！

【雖成就一切法，而離諸法相，乃可取食】他做什麼都能成功，他的修行非常成功。成就一切法指的是

世間的一切順遂，都能心想事成，就修行來講，破除一切障礙，這也叫「成就一切法」。但是又不於諸法取向著念，我沒修什麼法，所以修的就叫「無相法」。他也不打坐，不念佛、不念咒，但是做什麼事都能做成，掌握了規律，又不執著於修行法門，如果能做到這一點，明白這些理，能證悟到這些，那麼你就可以吃。

不過，這個要求太高了，吃這碗飯可不容易，還不如到貧民家庭去化緣，人家開頭劈頭蓋臉罵你兩句，你還在修忍辱。維摩詰提出來的是：「你要吃我給你豐盛的飯，是有條件的，是有門檻的，你若夠資格便吃吧，不夠資格就不能吃這個飯。」

以外道六師為例，解釋修道之路

【若須菩提不見佛、不聞法，彼外道六師：富蘭那迦葉、末伽梨拘賒梨子、刪闍夜毗羅胝子、阿耆多翅舍欽婆羅、迦羅鳩馱迦旃延、尼犍陀若提子等，是汝之師，因其出家，彼師所墮，汝亦隨墮，乃可取食】這整段話很不好理解。從字面上直譯是，如果須菩提不見佛不聞法，即如沒見到佛祖，沒聽到無上正等正覺之法，如果那六位是你的師父，你跟隨他而出家，但他是外道的六師，外道就是不圓滿，外道就是邪道，你按照他們

所傳的理，就叫「歪理邪說」，到最後就一定得墜入無間地獄，因為他毀人慧命，這比殺人肉身罪孽還要重。

　　遵循這些外道六師的話，照他們的那種不究竟的教法，會把人給引向魔道，所以叫「彼師所墮」。他們是這個果報，最後墜入地獄，你也陪著他們墜向地獄，這裡表達的是這個意思。維摩詰對須菩提說了這麼一大番話，對須菩提指導的其實就一個主題——「平等法」，心體一如就是「分別心」。我們要先知道這裡摩詰談論的是這個主題，再來理解這番話語，才能理解其中深意。

外道即佛，不起「分別」

　　首先，心裡不要對外道和正等正覺的佛起分別心，它也是平等的，外道即佛，佛也是從外道來的，我們知道那是外道六師，是魔法，但是我們心裡清楚，不起「分別」——在我心中，他們都是平等的，我不斷絕跟你的關係，我不遠離你，我還以你為師，當你墜向地獄的時候，我也跟著你墜下去，這是不是在度化他？不以這些外道六師為非，不以外道六師為邪，就放下了這種是非，放下了這種什麼正邪，在這個時候才能成昇華進一步，當你昇華到這個層次時，你才可以吃我

的東西。

　　我們必須理解其深層含義，但不要在現實中刻意地模仿。因為現今世間遍地邪師，幾乎沒有正師，可絕對不能看到這裡維摩詰居士說這些，就見誰都拜師，即使知道他是外道也跟著他學佛。凡夫俗子剛開始入佛門，對佛的教理、義理還完全沒有掌握，在這個狀態下，是絕不可以去拜外道邪師為師的。因為，在無法分辨師父是正是邪，就跟著他去修行，師父傳授不究竟的觀念，告訴你一些不如「法」的理，那他下地獄時，你就真的下地獄。這裡再三提醒，是希望大家要重視，千萬別跟錯了邪師走入邪途。重要的是找到掌握正等正覺正法的師父，跟隨著師父走正路，切忌跟邪師學邪法。古人云：「寧可千世不悟，不可一世著魔」，一世著魔即萬劫不復，永無出期，慧命永斷。

　　但是，當修到須菩提現在的狀態境界時，是可以修平等心的。我們在心體角度說是平等的，我們看到的就是本性的東西，外師和佛是心體一如，是平等的，但是外師表現出來的行為可是不一樣的。我接受這個心體一如的平等法，但是我不一定從心裡去接受邪師之所教，尤其要注意的是，千萬不能說從字面上去學佛，特別是《維摩詰經》，以免修偏走向歧途。

佛法對任何宗教沒有詆毀排斥，一切平等

外道跟佛法有什麼不同？我們大概有所瞭解，然後藉由維摩詰看待外道六師的理論——你能不能把外道六師和佛等同看待。

「我為什麼要跟他學？為什麼跟他修行？最後跟他一起下地獄呢？」釋迦牟尼佛祖為了教化這一批弟子，他深入到他們的苦行當中，跟他們一起吃住行三個月，完全按照外道邪師的要求去做，而且做得更好。然後再告訴他們究竟之道、圓滿之道，這不也是一種放下「分別」，以平等心來看待而無任何排斥。

可見佛法對任何宗教都沒有詆毀排斥，或者要將之消滅，這就是佛法修行中的「平等心」，無分別心，這一段話也就是維摩詰對須菩提的提示。

何謂外道六師？

外道六師包括有富蘭那迦葉、末伽梨拘賒梨子、刪闍夜毗羅胝子、阿耆多翅舍欽婆羅、迦羅鳩馱迦旃延、尼犍陀若提子等，每一位都是一大宗教的領袖，弟子無數，甚至可能比佛祖的弟子都多，外道六師們所傳的這些教法觀點理論迷惑了太多人，影響力非常巨大。

在此對六師與外道做個簡單的介紹，有所比較了以後，我們才知道為什麼說佛是正道。

外道師之一 》 富蘭那迦葉： 行為無效論

富蘭那迦葉主張「無我」，但不同於佛教主張的「無常無我」，他認為的「無我」是在表象和行為之外，沒有任何東西存在。換句話說，既無罪，也沒有功德，既無善也沒有惡，不管個人行為是行善或作惡，都是虛空的，不存在無因果。

以殺生這件事為例，他認為殺害動物只是拿刀刺穿了一個物體，然後把這件物體當成了食物，不能將殺害生命的行為上升到哲學的高度，殺害一個生命只是一個行為，沒有任何意義。人，也只是一個物體，任何人身上沒有任何自我的存在，我所有的行為也就沒有一個主體，行為沒有主體的話，誰來受善業惡業的果報？沒有。所以這個佛就認為其主張叫「無作見」，意思即「行為無效論」。所以富蘭那迦葉就被佛稱之為叫「空見外道」，即他認為什麼都沒有。

事實上，富蘭那迦葉的說法跟唯物主義很相像，唯物主義不就講人死如燈滅，人就是一團肉，我殺了動物、殺了人，又會有什麼果報嗎？連輪迴都沒有，我拿個錘子把這個石頭給砸碎了，和拿刀殺人並沒有區別。因為當我肉體消滅了的時候，什麼就都沒有了。人的行為也沒有任何主體。這不就是唯物主義的主張，這個就叫「行為無效論」，也叫「空間外道」。

富蘭那迦葉一派強調的「裸身苦行」，他和他的弟子都主張裸身苦行。他為什麼苦行呢？既然一切都是「空」，為什麼還有苦行呢？所以叫「

外道」，唯物主義為什麼要修？作為唯物主義來講，這一生吃喝玩樂後便結束，什麼事他都敢做，這一生結束以後就什麼都沒有。既然如此，我為什麼要遵紀守法呢？為什麼要做好事？在他消失的那一天，他什麼也不是，我消失那天什麼也沒有，這種行為無效論也叫做「一切法無所有」。一切法無所有，如虛空，不生滅，這個就叫做「一切法斷滅性空」，無君臣父子忠孝之道，也叫「空至極」，所以也稱為空間外道。

外道師之二 》末伽梨拘賒梨子：絕對的宿命論

第二位外道師叫末伽梨拘賒梨子，他講究什麼呢？應該說印度有一個教派，叫裸形托缽教派，他是始祖，其所提出來的理論就叫「生活之道」。他所提出的是什麼樣的觀點？宿命論，絕對的宿命論。

追隨他的教徒很多，稱他為無言聖者。宿命派指的是什麼意思呢？該派極端的相信輪迴，相信靈魂轉世，所謂的生生世世之後，最終必是進入安寧狀態。一定是進入到最終的安寧狀態。任何人或者友情生命體的靈魂不管是修還是不修，他必須得歷經八萬四千劫，然後自動地進入最終極的圓滿狀態，也就是涅槃的狀態，你一切人的際遇，它不是由自己的意志行為造成的，一切都隨命運擺佈，所以它叫宿命論。都要輪迴，受諸苦樂，直到八萬四千劫以後，才得以解脫。

他否定了因果論，認為人所有的善事惡事都是徒然，這叫做「外道」。現在聽著好像挺可笑，因為我們在中土接觸的佛法還是挺多，自然認可所謂的轉世輪迴與因果關係，但是在印度那邊，外道六師的宗教其實都很盛行，反而是佛教在印度的話已經消滅了，印度人信的是外道。我們大概有簡單瞭解即可。

外道師之三 》刪闍夜毗羅胝子：不死矯亂論

第三位外道師叫刪闍夜毗羅胝子，這個人是一個苦行僧，他是以苦修為解脫之法。

在佛經的記載中，他建立教派收弟子比釋迦牟尼佛還早。佛的十大弟子中有兩個，一個是智慧第一的舍利弗，一個是神通第一的目犍連，

他們在皈依釋迦牟尼佛之前，其實都是他的弟子。他的教法又是什麼？應該說他的觀點叫「不死矯亂論」。這個是什麼意思？其強調苦行，認為眾生的一切苦樂都是前世的因果報應，如果世間的人不做惡事也不做善事，轉生到來世就沒有苦樂的區別。

如果說你能做到持戒修行，什麼都不做，就是苦行，轉身到來世的時候就不會受苦。所以毗羅胝子不但有一整套理論，操作起來也是絕不含糊，因為這個原因，印度自古以來就宣導苦行，覺得苦行是修行的正路，直至今日不乏眾多的人加入苦行僧的行列。刪闍夜毗羅胝子能做到什麼程度呢？他能七天七夜不吃不喝，依然精神飽滿，給民眾留下的印象是他像是有特異功能，不是一般人，而且苦行僧得到尊重，就是這個人為了修行，他不愛慕世間的一切榮華富貴。很多的年輕人都慕名而來向他學習，釋迦牟尼佛祖成佛之後，也聽說他的修行方法、他的僧團，他的傳教範圍非常廣，有一次釋迦牟尼佛祖親自去他那裡向他學習，他讓佛祖做什麼，佛祖就照著做什麼，結果佛都能做到，甚至比他們做得更好，最後告訴他們這不是究竟之道。佛說：「我們要解脫，不是要透過苦行肉體上的苦行來解脫，而是用智慧，當我們得到智慧了才能解脫。」

佛祖用自己的親身體驗，超越了他們做苦行，對大家講述苦行對人的昇華和圓滿是不但沒有幫助，而且如果你做得過分了，還會引誘人走上邪道。就佛法來講，一味地追求苦行，不是修行佛法的正覺正道，這被視為是旁門左道。佛祖用了三個月的時間，就在他的僧團中來做表率，也在這個時候感動了舍利弗、目犍連，對佛的話有所感悟，到後面包括他們老師毗羅胝子也幡然醒悟，才知道自己為何一味苦行又不能進步，擺脫不了煩惱和痛苦的原因。

之後，他燒掉了自己苦行的茅屋，帶領所有的弟子皈依了佛祖，功德巨大。到後面，毗羅胝子修成阿羅漢正果，他是五百阿羅漢之一，佛寺院裡頭有五百阿羅漢像，他是第三個。

外道師之四 》阿耆多翅舍欽婆羅：順世派

第四位外道邪師，我們叫做「阿耆多翅舍欽婆羅」，他是典型的唯物

論無神論者，但他和前面的外道師又不太一樣，前面著重於「空」，但是阿耆多翅舍欽婆羅的主張更典型。人們稱他的教派為順世派，他主張無論物質現象還是精神現象，都是由一種極其微小的粒子構成的。

這種微小粒子是不能再分的，順世派認為微小粒子構成的「地水火風」這四種基本的元素，這四種元素也叫「四大」，四大又構成了人的身心及萬物，待人死了以後，這四種元素分離，靈魂也就不存在了，唯物主義不相信有靈魂，其實只相信有物質，身體能看到摸得著，靈魂看不見摸不著。基於這種觀點，順世派否定有輪迴，也否定業力的作用，否認透過祭祀布施對於解脫是有任何意義的，他認為其他宗教都是騙人的，如婆羅門教佛教等，人死了就一了百了，沒有天堂、地獄，也沒有所謂的解脫，這不就是唯物主義嗎？

順世派主張「快樂就在今生，種姓完全平等」，我想幹什麼就幹什麼，無所謂的善業惡業，人為什麼要積功累德積善業，連輪迴都沒有。人生在這一世，用盡各種手段，只是為了追求今生的快樂。這種理論體現的是什麼？是社會最底層的勞動人力、奴隸的願望和訴求，他順應的是世俗需求，其教義在最底層的奴隸階層是廣泛受到認同，其實就是針對婆羅門提出來的。他講究有梵天、有神的存在、人的輪迴，三原則和婆羅門的三原則正好是相反的。

第一個是沒有「梵」，諸如大梵天那種經書都是騙人的，這就像唯物主義出現了以後，立即推翻世界上一切宗教信仰；第二個是不講究祭祀，祭祀是騙人的，透過祭祀也不可能轉生，老祖宗死了，灰飛煙滅什麼也沒有了。第三個主張是「眾生是平等的」，不管轉生、任何種姓都只能活一生，順世派的主張其實就是一種反抗，離經叛道，是現在唯物主義的前身，但是，從佛法來講叫做「外道」，這樣會把人引向地獄，讓人修邪修偏，最後修成魔的外道主義。

外道師之五 》 迦羅鳩馱迦旃延：一切眾生的罪、福，都是自在天所作

第五個外道師是迦羅鳩馱迦旃延。其理論認為一切眾生的罪、福，

都是自在天所作。如果自在天高興，眾生就安樂，如果自在天生氣，眾生就苦惱，即煩惱不斷，災害不斷。

他把一切的罪福全都歸於自在天的主宰，人自身不可以說罪福，只可以受著。如果人殺害了一個眾生，心不生慚愧，就不會墜入惡道，意思就是說「我殺了他，只要我不認為我造惡了，我就不會墜落到惡道，我就不會下地獄。」反之，一旦心生慚愧了，立馬就下地獄。

所以這個就叫「無慚外道之邪見」，沒有懺悔。不管做什麼惡，人只要不懺悔，不覺得這是壞事，那就不是壞事。這樣的理論，也有一大幫群眾跟隨他學習，座下弟子也很多。

外道師之六 》尼犍陀若提子：四禁戒

第六個尼犍陀若提子，是最後的一個邪師，他創建了印度很有名的耆那教，被弟子們尊稱為「大雄」，他的教法就是「四禁戒」，這是什麼意思？第一個禁止用一切水，因為水中有生命，禁止造一切惡，遠離一切惡，達一切惡之制禦和「身口意」三業。從他的理論上來講，他指出世界是由多種元素所構成的，這些元素可分成靈魂（也叫『命』）、非靈魂（這叫『非命』），靈魂存在於地水火風等無機物之中，也存在於動物植物等有機物之中；非靈魂從大的類別上可以分為物質的、不定型的物質，物質是由原子和原子的複合物組成；不定形的物質就是由運動的條件（叫『法』），靜止的條件（叫『非法』），包括空間和時間等組合而成。無論從哲學或佛法來講，我們發現他是多元論的實在論，世界的構成不是那麼簡單的，是多元的，不是單一原因、條件所構成的。

「大雄」在修行主要強調的是：宣傳業報輪迴，靈魂解脫，是非暴力的，他也特別強調苦行。我們發現印度外道基本上分成兩大類，絕大多數強調苦行，只要強調苦行，就有人跟隨，不管理論有多麼的荒謬，只要苦行，就一定會有一大批人跟隨；另一個強調極樂，這個論點也會有一大群人跟隨。

如何真正進入大乘菩薩境界

【若須菩提，入諸邪見，不到彼岸】這句話的意思是，如果從「平等法」的角度來看，「正」與「邪」皆存在。什麼是「正」，什麼是「邪」？一說「正、邪」就有分別，二乘人（或者叫「小乘人」）懼怕煩惱，害怕邪法，怕入邪見，所以他畏懼生死，在這種狀態下是永遠到不了彼岸的。為什麼？並非說人破掉邪見，樹立了正見，破掉了煩惱，就能得到「清淨」的。

彼岸，它不是遠離此岸，與此岸對立的。

所謂的「正」見，並非指有行有相的邪見的對立面；所謂的清淨和煩惱不是對立的，如果人把它當成對立的，那就永遠脫離不了二乘，也就是小乘的狀態。真正的「正見」就在邪見中，邪見亦是正見，不是邪見的對立面就是正面。此岸和彼岸就在一處，彼岸就在此岸中，絕不是脫離了此岸，才能達到了彼岸；同理，清淨也在煩惱中，真正的清淨是無需斷煩惱的。煩惱即是清淨，斷了煩惱的清淨則是另一種煩惱，那不叫清淨，甚至可以稱為更大的煩惱。二乘人怕煩惱，怕邪見，怕脫離不了此岸，結果是到達不了彼岸，永遠得不到正果，停留在二乘，在「有分別處」打轉。

菩薩修真正的「清淨」是在哪裡修呢？在煩惱處起修。這便是「煩惱即菩提」的意思。他真正想修「正見」就要在「邪見」處修，與「邪見」共存，所以叫「入諸邪見不怕」。他又想到彼岸，但他就在此岸，對大乘菩薩來講，沒有什麼叫做「遠離煩惱」、「遠離邪見」或「到達彼岸」。

維摩詰講的這句話是在提點須菩提：「你要注意了，你現在修的還是「小乘法」，還是二乘人，是有分別的，你得放下邪見、彼岸，才能真正進入大乘菩薩境界。」

正確的看待「法」

【住於八難，不得無難】如果現在還覺得八難是障道之根源，是修佛道路上的障礙，那麼，便永遠見不到佛，原因是你還把它當成障礙，一切「相」皆是空，八難之相由分別心產生出來的。什麼是障礙？什麼是順？順即是障，障即是順，何來八難之相？小乘人修道後都認為：「我要一帆風順，八難皆無，這樣子在我修行佛法的過程中，就可以見佛聞法了。」這樣的心態是不對的。

所謂的無難是一種什麼狀態？在「難」中不以其

為難，無難並非八難皆無，而是不住於八難，不得無難，不去追求所謂的一帆風順。倘若一切順利，人還如何修行佛法？人還是要學著八難，如果生老病死、求之不得等都是不好，那麼人得病了，是不是就起煩惱了？覺得自己的修行不夠，還離不了八難，還得受病痛折磨，如何能見佛聞法呢？怎麼能修成菩薩？還不圓滿呢？如果你有這樣的心思，根本就無法修習佛法。

　　那麼，該如何正確看待「八難」？能否做到住於八難，不求無難，放下對八難和無難的分別。在這裡要破掉「苦相」，為什麼生病就是老相定相？就是不好呢？為什麼要稱之為「難」呢？只是一個相而已，都是虛無的，不是真的。所以要把這個相破掉，人為什麼要天天求著無難，天天讓自己舒服享受？相，要給它破掉，要破除「難」與「無難」的「相」。

　　這裡所講的經義是否與《阿含經》、四聖諦完全不一樣？四聖諦告訴我們：人生皆苦，人生皆是難，難是最基本的，人人皆有之，因此人們覺著自己是苦的，認同是難，因此生出「出離心」，才走向修習佛法之道。但是，等到修成大乘菩薩時，反而不以「難」為「難」，兩者是不是矛盾的？其實並不是矛盾的，正如前面文章所釋義，它不是矛盾的，人們修行佛法就是要從

「相」上來修，從「有相有形」處修。

在修行的過程中一點點去破，修到更高境界，所有「相」已無好壞、沒有分別。人的一生歷經磨難，受盡諸苦，但是人不以此為苦，也不祈求一切隨順，就到了大乘菩薩境界，所以帶著八難之身、苦難命運，一樣能成佛，就是這個道理。總而言之，不要著「相」，這是小乘的教法，小乘要先從實相、離相處開始修，其實都是在「相」中打轉，永遠都達不到解脫的境界。

【同於煩惱，離清淨法】如果已經修到大乘菩薩道，卻還在求「清淨法」、「斷煩惱」，這就不對了。因為這個階段已經過去了，所謂的「斷煩惱求清淨」是小乘階段的修行。當昇華成大乘的菩薩道時，在這個境界就要破「斷掉煩惱與清淨」的分別。

什麼是煩惱？煩惱即菩提。人還想著追求清淨，其實就是想斷滅煩惱，想得到追求清淨相，這樣的修行仍是二乘法，還是在分別的狀態下。

真正要想昇華到大乘的菩薩道，人得把煩惱看破，什麼叫「看破」？意即「與他同在，勿以煩惱為煩惱」，世間哪有一個叫做「煩惱」的呢？要得「清淨」，不是斷了煩惱才能得到，而是人在煩惱中即一天俗事

纏身，處在紅塵滾滾中，有著各種牽扯、各種因緣，在這樣狀態下，卻不以此為煩惱，自然得到了清淨，而不是去尋找一種斷除煩惱、得到「清淨」的方法。

眾生和我皆一樣即為「定」

【汝得無諍三昧，一切眾生亦得是定】無諍三昧是一種修行狀態，是一種禪定境界，意即是修行已經得到禪定的境界。

進一步地解釋，什麼是「諍」？人們常說的爭執、爭端、衝突、對立，由對立而起衝突。「無諍三昧」的解釋就是說能解諸法空，「法空」是指無相即無彼此，連「我」都沒有，人也沒有，物也沒有，不起分別的狀態下，何來爭端衝突呢？當人真的放下了衝突，這叫做「內不諍得定」，這種「定」就叫「無諍三昧」，內心中完全沒有衝突了，一切皆平等，這時的「定」即無諍三昧了。

當修到這個狀態時，你覺得你和眾生有區別嗎？如果還覺得我得了無諍三昧，已經得到了定性，而眾生還沒有得到，他們還是非常煩惱，得不到定淨，其實在你內心已經出現了對立衝突，把你和眾生對立起來，這不叫「修成」，不叫「平等法」。所以人得真正修到這

個境界——我得了無諍三昧，我發現眾生皆得無諍三昧，他們都有定淨，我和眾生沒有本質上的區別，意思是在修平等法時，我看的眾生和我是一樣的。

話雖如此，可能有人會有疑問：眾生跟我真的是一樣的嗎？難道我們之間沒有差別嗎？我修習這麼多，難道我不比眾生高嗎？那我修習這麼多年，天天修的不是白白修習了嗎？我修佛法，而眾生不修佛法，我比眾生境界「高」在哪裡？如果心存這種心態，便是二乘人的想法和心態，表示修行的境界還是不高，破不了二乘，還是不斷地起「分別」。我修的就是我，我也沒有度人，我跟別人也沒有區別，我修與不修跟別人沒有區別，這樣修的即是平等法，平等法就是無分別心，那時就能通達「人我」，才能破「相」，破了「相」才能見到佛。我們要好好理解這一段。

【其施汝者，不名福田】福田，即福德／功德／善舉。對小乘、二乘人來講，行善舉就能有好收穫，就像種田一樣，種善因得善果，因此小乘人認為持戒忍辱、供養三寶，行三善道後會有巨大的福德。

以「分別心」來供養反落入三惡道

　　然而，這種想法還是脫離不了小乘，永無解脫的可能。真正的大乘菩薩道，是教人們放下，因為菩薩是不起「分別」的，一切「相」皆是虛妄，行善有善舉，有善行，得福報的本身就是「相」，還是著了相，那叫做「小乘」。想破「我執」超越阿羅漢小乘的境界，我們必須得破掉，所以從菩薩「通達法性平等，本無取捨，亦無對錯，何談福報與功德」。由此引出「師者無福」，無福的意思並非指布施的人、供養三寶的人沒有福報，而是不以追求福報而來布施，這個才是無相的布施，行的才是菩薩道。否則，起的即是「分別心」，以「分別心」來供養，不僅得不到福報，反而可能會入「三惡」道。

　　【供養汝者，墮三惡道】這句話與前一句話是一體的，「其施汝者，不名福田，供養汝者，墮三惡道；」向我布施的不名福田，沒有福報功德可言。
　　為什麼？供養我的人還要墮三惡道，這又是為什麼？為什麼他連天人的福報得不到？其實，如果供養人是以「分別心」──即他是以求福報的心來提供供養

的，其實是在加重自己的貪心。

　　大家不妨想想，這是何道理？一看對方是修行人，心裡就有所算計，想著若能供養修行人，自己將得無量無邊的大福報，這種想法未離世俗之買賣，以衡量自己的付出與所得為前提，這樣的供養只是在形上是布施，但其實這是一種巨大的貪心。貪心是餓鬼之因，在向修行人布施時，供養者要去除掉這種發心，不是為了求得更多的福報與功德而去提供供養，那麼，也就沒有誰為修行人，誰為流浪漢／乞丐，破掉這個「相」，當沒有「分別」時，只是單純地發心布施，而非因貪心而供養或布施，這便是「無相布施」。

　　如此一來，你反而不求福報功德而自得——哪怕施舍一粒米，大如須彌山。反之，要是帶著貪心，想要獲取之心，所布施出去的全都是毒，是在毒害修行人，最後會因自己的貪心而落入惡鬼之道，這是「三惡道」之一。

　　還有一種供養，是以一種尊重心來供養，特別尊重修行人；但是對下屬（不是修行人），只是一般普通人，就輕視他。如此一來，雖說我是以恭敬心來供養，其實有分別心的對待之，因為心中是有高下不等的，即尊重上上乘的人／修行人，但輕視不修行的人／不是

上上根的人，實際上「他」在你心中就有高下，有高下即有憎，即有衝突就有嗔恨。「嗔恨、嗔穢」是地獄之因，當存有「分別心」地對待修行人、供養三寶時，其實種的是入地獄之因。

另外，還有以愛來供養，對修行人以溫暖與愛護，呈現一片愛心、誠心，愛即是癡。這樣來供養三寶，是在加重你的癡心，癡為畜生之因。以財、尊重心、愛心供養，即入三惡道。這樣做得不到福田，也得不到福報和功德。

善惡不應有差別，高低貴賤本性平等一致

真正的大乘菩薩道修行者，要做到心無分別，通達法性，善惡無有差別，高低貴賤本性平等一致。我們要以這樣的心來對待任何人，來對待任何萬物，以無相心、沒有分別的狀態來對待他們，才可以不入三惡道。否則，誤以為在現實中施財、布施愛，就一定能升天堂得大福報，其實不然。愈是這樣子，貪心便愈氾濫，分別不平等、有高下、嗔恨愈氾濫，愛心愈氾濫即癡念愈氾濫，則必墜入餓鬼道、地獄道、畜生道。

在這裡要清楚的是，這個經典針對的是行菩薩道的人，但是我們只是普通人，在現實中應該如何做？要

不要布施呢？要不要供養三寶？要的。哪怕我們就是有求取之心，想得福報、功名利祿，我們也要去做。也比不做，或者反正方向做的要強得多。

這個是階段性的問題。剛開始，誰也做不到無「相」布施，也做不到毫無功利心、不求福報和功德的心去布施。我們還是得先從有「分別處」來修，隨著善行、善心、善念不斷地熏習積累，一點一點地放下功名心，放下勢利心，然後慢慢地進入到無「相」布施的狀態，這是階段性的任務。可千萬不能因為經典這麼說無相布施即不供養三寶，不發愛心，這是不可以的。

當修成「無差別相」即修道「平等法」

【為與眾魔共一手作諸勞侶，汝與眾魔及諸塵勞，等無有異】這兩句連起來理解，魔，即「魔羅」，在佛法裡面，魔也叫做「奪命」，能奪人的命根，所以也被稱為「殺者」。

魔其實能損害法身，其殺的是慧命，我們要遠離之。不單單是毀害身體或折摩人而已，其殺的是慧命，奪的是命根。根是什麼呢？我們的肉身只是個「形」，肉身這個形一旦沒了，我們可以立馬換一個，但是命根就是我們的魂／靈，我們的真身、真我，那也叫「慧

命」，如果遭受損害的話後果更可怕。鑑於此，小乘的修行人最怕魔，見魔即避。這裡有什麼特別的涵意呢？意思是當人們昇華超越了小乘修法，已經超越了「二乘人」，這時候再看魔，便不會把魔當作對立，「魔」和「佛」其實是一回事，我能和佛攜手來一起做事，志同道合，到了大乘菩薩道的時候，我看魔也是佛。

「佛」和「魔」從本體上來講沒有差別

這個叫「通達法性本物差別相」，意思是指到了真正修成大乘菩薩的時候，我能和魔一起共事，跟魔一起攜手做事，一起成為伴侶。如果你能做到這一點，你才是菩薩的境界，否則便仍停留在小乘，就是個二乘人。那麼，修成大乘菩薩道要修到什麼境界呢？和光同塵。事實上，我們在修六度萬行。

因此，我們的「無差別相」真正修成了，就是修成「平等法」，心體一如，佛魔同體。在大乘菩薩的眼中看，十方法界，執者是魔，在十方法界中迷惑了執著者就是「魔」，但是說他是魔，一旦解脫，即是佛。「佛」和「魔」從本體上無二──沒有差別，一念迷就是「魔」，一念覺就是「佛」，是一個整體。

當修到這個狀態時，才是大乘的菩薩道境界。一

且修到這境界時──既有此見，則從無明生。所謂的無明，無明無性，我們體悟何為「當體即空」，如是解脫法，眾生也無解脫的「知見」，所以我們要樹立這個認知，沒有分別，沒有差異。在這裡講的是大乘菩薩的境界，我們按此修行，但是如果沒有小乘的基礎，是無法修到這個大乘境界的，必須得有鋪墊，意即在剛修佛法的時候必須要遠離邪魔外道，而且還得有「分別」。

如此一來，才能走向正，走向佛，走向內，矯枉還須過正，剛開始放不下「分別」，也無需放下「分別」，也不要試圖去放下「分別」，是放不下的，不要妄想一步登天！一開始若直接從大乘法修，看誰都是一樣的，其實這都是自我感覺的假象，自以為自己知道佛魔一體，但是只是知道而「證」不到，何為證到？即不是我理解了「佛」和「魔」是一樣的，而是我證到它就是一樣的──表象皆是虛幻，差異皆在外面的表象，內裡都是一致的，能「證」到了，才是真正的得到；「證」不到時，口念而心不行，心裡不認同，但是嘴上說的都是佛魔一體、佛魔同等無分別心。口念心不行都是空談、沒有意義，學佛最忌諱空談，但是要知道「證」到這一點，身心會有巨大改變，可不是那麼簡單的。

佛度有緣眾生而非執著表相

【於一切眾生而有怨心，謗諸佛，毀於法，不入眾數，終不得滅度。汝若如是，乃可取食】這裡講的還是一個「理」，「於一切眾生而有怨心，謗諸佛，毀於法」的意思是什麼？從「真如法性」來講，心佛和眾生本無差別，本來就是平等一如的，如何能生出來恩怨心？同時，我即便是生出這個心也是很正常。為什麼呢？因為本來它就是平等無差別的，生怨心與不生怨心、讚歎諸佛與誹謗諸佛、詆毀正法和弘揚正法，又有何區別？！

「不入眾數」裡的「眾數」就是不離出家的眾生。「終不得滅度」在這裡指的是不可取的、不可為的。為什麼？修小乘佛法者、二乘人，於一切眾生而有怨心，誹謗佛法，誹謗諸佛，詆毀正法。誹謗那些出家人、詆毀三寶，這怎麼行？這樣的人通常受不了多大的惡報、惡業。但是從大乘菩薩來講，這些也是虛相，都是虛妄，並非誹謗佛的就一定成不了正法，得不到正果。如果這樣認為，就落入了二乘人境界，即還有「分別心」，還著「相」。

大乘菩薩是非常通達的，佛祖知道所謂流傳於

世的佛法本身就已經不是佛法，因此在幾個階段講經說法各有不同，都是針對眾生「緣」的不同而相繼說法，但是說出來的法是不究竟（註）之法，已經不是佛法了──佛法從佛口中說出來的當下就已經不是佛法了──佛經裡面千金萬論，又有哪個不衝突？哪個不是相互詆毀的？但是，不能就因此不學習佛法。不究竟的佛法也是佛法，佛祖度的是與其有緣的眾生。

當我們通達了這一點，就不會被表相所牽引，執著於表相。天天讚歎諸佛，香拜佛者，不一定就是通達佛法的人。無視於佛相、不拿三寶當回事者，也不見得就不能得正果，這道理一定要清楚。

教導須菩提如何破「文字相」

【時我，世尊！聞此茫然，不識是何言，不知以何答，便置缽欲出其舍！】這個時候，須菩提說自己當下一片茫然，聽不懂，也不知道該如何對答，心裡想著：「這口飯可真是不好吃。不妥，吃不得啊。」於是，須菩提就把缽放下來，想趕緊溜走，不然太難堪了。進一步釋義是，維摩詰給須菩提一碗飯，對他說，

*註：佛法裡的究竟與不究竟，講的是能夠相應於解脫或成佛的叫「究竟」。「不究竟」則是對眾生有幫助，但是會讓其產生欲望而不能解脫世俗。

達不到這個資格就不能吃。但是，須菩提真聽不懂維摩詰所言，不知道他表達的意思，也無法跟他對答，拿起缽要走。

【維摩詰言：『唯，須菩提！取缽勿懼。』】維摩詰喊須菩提過來說：「能吃的！你不吃又著『相』了，心中又在『分別』。」須菩提真的不明白，維摩詰是要他明白當下是「無相無取捨」即無分別，該吃就吃，不想吃就不吃。但是，須菩提還在躊躇，不知道他該做什麼，處在很緊迫的狀態，其實就落入了「二乘」，還在分別維摩詰境界高，而自己境界低——維摩詰講的道理，奧義深遠又微妙，而自己聽不明白。

這其實就還是在「分別」，離不開「二乘」，因此維摩詰一說，須菩提就猶豫，他不敢吃了，不知道自己應不應該吃飯。這時候，須菩提還是沒聽懂維摩詰居士是給他一番教導，於是把他叫住，須菩提還是沒明白，所以維摩詰又叫他過來說：「你別害怕！來吃吧！」

【於意云何？如來所作化人，若以是事詰，寧有懼不？】化人就是化身。這裡維摩詰對須菩提說：「你

想一想，如果是師父如來佛祖的化身來到這裡，然後聽我說這番話，你覺得佛祖會不會害怕？」

【我言：『不也。』】須菩提說：「如果是佛來了，不可能害怕。」

【維摩詰言：『一切諸法，如幻化相，汝今不應有所懼也，所以者何？一切言說，不離是相。』】維摩詰跟須菩提說：「一切諸法，如幻化相」，諸法包括「一切」。在這裡，「一切」就是維摩詰和須菩提、佛祖，誰高誰低呢？大家的本性都是平等的，沒有高低上下之分。所有的高低上下之別，都叫幻化的，它是一種「相」，只要是「相」就是虛妄，你不要認虛為實，認假為真。之所以會害怕，原因是把它當成實相了。

只有把它當成實相的角色，維摩詰的形相或禮法、佛法道行比你高，你才會害怕。須菩提之所以聽不懂，是因為心中還是有分別。「一切言說」即一切的語言和文字，只要它發出來了，它就是幻象，不是真的。維摩詰其實是在告訴須菩提如何破「法相」。對須菩提來講，維摩詰居士講的法、經典、話語文字都是「法」，都是「法相」外境。

【至於智者，不著文字，故無所懼。何以故？】
真正的掌握大智慧的人，這種智慧叫做「般若大智慧」，絕不會因為聽從他人述說的理和文字，而產生害怕、顧忌、質疑。

【文字性離，無有文字，是則解脫；解脫相者，則諸法也】文字代表的是一種現象。文字本身是沒有自性的，既然是沒有現象的時代，那麼文字便破除了現象界所謂的束縛，而得解脫。解脫的真相就是前文一再講的「說諸法」的實相，文字本身是既沒有束縛，也沒有解脫相。說出來的話，落到紙上，形成文字，都是不究竟的，都是幻象，不是真實的。若把它當真了，那就是實實在在結成實在。

由文字或者語言發出了你的受、想、行、識，人的心就跟著文字或者語言去做，便脫離不了循環，連同欲界也都脫離不了。為什麼？欲界就是就是五蘊和合而成。有「色」就有「受」，因色而起受，因「受」而起了「想」，因「想」而有「形」，因「形」而「識」。

如此一來，人便會被外境不斷地牽引，就在「色、受、想、行、識」當中不斷循環，不斷的輪迴，一分一秒都放不下，脫離不了「色、受、想、行、識」這

五蘊，永遠都脫離不了欲界。這裡講述了許多是維摩詰在破須菩提的「相」，把他們從阿羅漢境界提升至大乘菩薩境界。讓須菩提遠離「相」、破掉「相」，從「色、受、想、行、識」這五蘊當中脫離出來。

「受、想、行、識」諸法皆是幻象

也就是說脫離眼中所見的、耳朵所聞、鼻子嗅到的、舌頭嚐到的、身體接觸到的，這些都叫做「色」。由「色」引發「受」，這些都是虛假的，都是幻象，我要把我的「受」截止。我既然在接受，也就是在感知，我感知後心裡發生變化而起了有感覺，此時如果「色」是虛假的，「受」就一定是虛假的。

當感知自己知道都是虛假時，就不會因此而產生「想」，由「想」而生出「行」，由「行」最後而得到「識」，整個都被切斷。在切斷這個時，「色」就是「色」，我的「受、想、行、識」是由自己控制，而不是被外境控制。這樣才能從小我（也叫小乘），破掉「分別心」，一點一點地超出三界外。要不然我們便一直在「色、受、想、行、識、」裡打轉。

維摩詰居士講述了許多例子，其實是在告訴人們：一切外面的諸法皆是幻象，不要因為幻象而引發「

受、想、行、識」。這裡，維摩詰講文字和經典，不僅句句在理，且言詞優美。所以，須菩提在這個「相」的面前很慚愧：「我知道它特別優美，而且意義非常深奧，但是我聽不懂。」其實須菩提在面對文字、語言的色相動了「受、想、行、識」，心有所懼，不敢吃缽中的飯。須菩提的內心變化，維摩詰看出來了，因此對須菩提說：「你還沒明白我跟你說的意思吧？你別害怕！來吃吧！」同時告訴須菩提要放下文字相。

從解悟、行悟到證悟的修行

為什麼放不下文字相，放不下諸相呢？人因「受、想、行、識」，產生了錯覺顛倒，把「實相」境界轉化成了「妄相」，於是這個境界便被「妄相」所迷惑，看不透。那麼，無論如何修行還是有所執著，執著於高低上下深淺、解脫與非解脫、佛與魔、對與錯，如果能夠做到絲毫不執著，不分別，當下本質即解脫，不被束縛。人們為什麼會被束縛呢？因為被虛相與實相迷住，被束縛和糾纏而解脫不了。

現在的須菩提便是糾纏於文字語言當中，所以維摩詰在破他的「相」，但是須菩提由此破了這個「相」嗎？沒有，這不是當下就能破的，須菩提心中的迷霧

還是很重。維摩詰居士在此指點須菩提，當他知道這個
理，知道下一步修行方向，再慢慢一點點修，有所解
悟，最後到行悟，在行悟間會有證悟，這需要不斷行悟
積累後，當量變到質變時，一下證悟，那時候才可昇華
成大乘菩薩。

【維摩詰說是法時，二百天子，得法眼淨，故我
不任詣彼問疾】維摩詰說這些話時，不僅僅須菩提一個
人在聽，還有二百個天人一下就通達了大／小乘佛法的
區別，通達後便是法眼清淨的狀態，看一切「相」都能
看到其本質，不會被外表所迷惑，這便是法眼清淨的
境界。「清淨」是如何來的？即放下「分別」，一切「
相」皆是虛妄。如果見諸相非相，則見如來，這就是得
了法眼，清淨了就是法眼，不清淨就是肉眼。

於是，須菩提表示自己沒有資格到維摩詰居士處
問疾，因為現在他還沒明白，沒有辦法跟維摩詰應對，
心裡還是放不下「高低貴賤、深淺對錯」之分，還沒從
世俗的「虛相」中脫離出來，還沒達到解脫的境界，沒
法回答維摩詰所提的問題，也聽不懂問題。

第五節　　指點富樓那先觀他心

　　佛告富樓那彌多羅尼子：「汝行詣維摩詰問疾。」富樓那白佛言：「世尊！我不堪任詣彼問疾。所以者何？憶念我昔於大林中，在一樹下，為諸新學比丘說法。時維摩詰來謂我言：『唯，富樓那！先當入定，觀此人心，然後說法。無以穢食置於寶器，當知是比丘心之所念，無以琉璃同彼水精。汝不能知眾生根源，無得發起以小乘法。彼自無瘡，勿傷之也；欲行大道，莫示小徑；無以大海，內於牛跡；無以日光，等彼螢火。富樓那！此比丘久發大乘心，中忘此意，如何以小乘法而教導之？我觀小乘智慧微淺，猶如盲人，不能分別一切眾生根之利鈍。』時，維摩詰即入三昧，令此比丘自識宿命，曾於五百佛所植眾德本，迴向阿耨多羅三藐三菩提，即時豁然，還得本心。於是諸比丘稽首禮維摩詰足。時維摩詰因為說法，於阿耨多羅三藐三菩提，不復退轉。我念聲聞不觀人根，不應說法，是故不任詣彼問疾。」

佛祖講法的五大經典

　　進入這一章之前，要先理清為何維摩詰強調一切都講無相、講空，所以要放下「分別與比較」。但在這裡，光從語氣就可發現維摩詰並沒有放下比較心，他還是時時刻刻地拿小乘和大乘做比較，一直在貶低小乘，然後弘揚大乘。而且還可發現維摩詰常呵斥或批評佛祖的弟子仍沿用小乘教法或是修煉方法是不行的！

　　既然維摩詰說：「什麼都是無相、要放下分別，佛、魔和我們都沒有分別。」「我們都能和魔同道了，連像外道六師都能向維摩詰學習、跟他一起下地獄。」可見大乘、小乘沒有高低、上下、貴賤之分，那麼為何維摩詰總在貶低小乘，然後再弘揚大乘？

　　其實，佛祖講法分了五個階段，這五個階段的重點各有不同。所以，只要知道《維摩詰經》記載的是哪個階段，就能明白內容為何是這樣了。

第一階段於「定」中對菩薩講《華嚴經》

　　釋迦牟尼佛在菩提樹下夜睹明星而大徹大悟，這就是佛最初的成道、成正等正覺。佛祖睹明星大徹大悟，但並沒有馬上站起來，而是繼續打坐。其實，這時

的佛已經在「定」中開講了。

　　世尊在菩提樹下「定」中開講，講的是《華嚴經》。世尊成道之後開講的第一場法會足足講了二十一天，把「如來果地」的境界都講出來了。所謂的大徹大悟，並不是說釋迦牟尼佛突然明白了什麼道理，而是證得了如來的涅槃境界（果地）。

　　佛祖悟道之後，第一次講法的華嚴法會就是第一階段。佛祖把證得的「如來果地」境界宣講出來。這場講法有誰來聽呢？其實，來參加法會聽講的都是大菩薩「法身大士」。修佛有五十二階，法身大士已經達到菩薩的第四十一階，都快到封頂了！

　　佛祖第一次開講，來聽法的都是法身大士並不是現實中的人。為什麼？因為這樣的內容太高深了，而且佛祖是在「定」中講法，眾生根本就聽不到，如能聽到的話也是聽不懂。

第二階段對五比丘講述《阿含經》

　　到了第二階段，佛才開始對眾生講法。在華嚴法會結束後，佛祖從菩提樹下起身，然後走到鹿野苑道場，他在鹿野苑見到了「五比丘」。

　　「五比丘」是釋迦牟尼佛在俗世的父親淨飯王派

遣的五個護衛。當釋迦牟尼佛要出家苦行時，淨飯王擔心兒子被人傷害，就派遣五個人前去保護；沒想到，這五個護衛最後也跟著釋迦牟尼佛出家修行，這就是「五比丘」的由來。之後，釋迦牟尼佛明白苦行這條路是走不通的，放棄了苦行。但這五個比丘覺得放棄苦行就是不走修行正道，因此離開釋迦牟尼佛。後來，釋迦牟尼佛在河邊暈倒，被牧羊女用羊奶給救了。佛祖被救醒後，就到菩提樹下打坐了四十九天，最後大徹大悟，之後釋迦牟尼佛又回頭尋找「五比丘」。

在鹿野苑，佛祖找到了「五比丘」並降服他們。「五比丘」原本誤會佛祖會，此時也認同：「原來，太子並不是放棄修行，他只是放棄苦行，因為只有這樣才能走上修行的正道！」所以「五比丘」成了第一批皈依釋迦牟尼的僧團弟子，在鹿野苑的講法也成了佛祖的初轉法輪，並且開啟佛祖講法的第二個階段。

第二個階段講的內容就是《阿含經》。「五比丘」之後又招來其他弟子，從此開始建立僧團。

釋迦牟尼佛對「五比丘」講的《阿含經》，一講就講了十二年。由於「五比丘」都是凡人，《阿含經》的內容就等於現在說的小乘教義：凡人怎麼從有形、有相的地方開始起修？怎麼從身心開始修？怎麼修才能「

定」、才能「慧」？怎麼從四聖諦、三十七道品、八正道、十二因緣這些地方開始起修？這些都是凡人的起修處，佛祖邊講還邊帶弟子們修習小乘教義。

　　佛祖在十二年裡講了四部《阿含經》，包含《長阿含經》、《短阿含經》、《增一阿含經》與《雜阿含經》。這四部《阿含經》共183卷，前前後後講了十二年，這是第二階段。修完這十二年，跟隨他的弟子基本上都達到「聲聞」的「初果」境界了。釋迦牟尼佛到這時才開啟講法的第三階段。

第三階段的《方等諸經》從小乘轉大乘樞紐

　　第三階段講的是《方等經》，《方等經》不是某一本經，而是大乘佛經的統稱。這次又講了八年，《方等經》裡頭包含很多經典，比如《無量壽經》、《阿彌陀經》，以及《維摩詰經》。佛祖在這八年講的《方等諸經》，主要在講些什麼呢？基本上，針對「聲、聞、緣、覺」這種層次的弟子所講述的《方等經》，就是要弟子們放棄小乘的教義，向大乘去昇華：超越小我，不要做「自了漢」，要修大乘菩薩的境界，在大乘菩薩道往上昇華。

　　因此，佛祖在這八年講的內容都是有意識地貶低

小乘、尊崇大乘。所以說，菩薩與佛祖有沒有區別呢？
既然什麼都沒有分別；那麼，大乘、小乘又有什麼分別
呢？佛祖是「既有變又有不變」，不變的是什麼事都不
分別（無相），但又隨機來變，即有針對性地在不同的
時機說不同的話。佛祖花了十二年教普通人《阿含經》
，可從來沒說過《阿含經》的小乘教育是有問題的！因
為，對普通人講法，就得講一些凡人能修的、他目前這
階段應該修的東西。即使知道這種內容是「不究竟」
的；但是，「不究竟」就要從「不究竟」之處來不斷積
累、修行，最後才能達到「究竟」的程度。

　　所以，佛祖在這十二年講述小乘教義的《阿含
經》，不斷分階次教導這些弟子，讓他們從一介凡夫修
到了「聲聞界」初果。之後，佛祖再針對那些已達到
「聲聞界」的弟子開講《方等經》。

　　《方等經》在佛教的三藏經典占了很大的比例。
佛祖在這八年講了諸多經義，像《維摩詰經》就是在第
三階段講的內容，目的就是要讓聲聞弟子、緣覺弟子放
下小乘教義：學過小乘就不能再執著它了，現在該往上
繼續昇華！

　　第三階段八年期滿，那些早在第二階段就跟隨佛
祖初轉法輪的弟子，至此已修行佛法二十年了。雖然這

些弟子一開始接受的是小乘教義，但他們在第三階段也經過了《方等諸經》的八年薰陶，大乘思想已經建立得很穩固了。至此，佛祖才開始第四階段的講法。

第四階段的《般若諸經》主大乘修行

第四階段開講的就是《般若諸經》，告訴大家何為真正圓滿的大智慧，修的就是「般若波羅蜜」，像《心經》、《金剛經》這些都屬於第四階段的《般若諸經》。

佛祖在第四階段又用了二十二年專門講授《般若諸經》這部大乘經典。第四階段花費的時間最長，因為佛祖最重視這個階段。基本上，弟子們在這個階段又再度提升。修滿二十二年《般若諸經》的弟子，就從「阿羅漢」的境界昇華到「大乘菩薩」的境界。

第五階段的《法華經》和《涅槃經》為大圓滿

最後，佛祖用八年時間帶領眾弟子進入最後的第五個階段，開講的是《法華經》和《涅槃經》，那是大圓滿。

在佛祖講法的這五個階段裡，不管是小乘教義還是大乘教義、菩薩境界還是佛境界，對佛祖來講其實都

沒有分別。但是，佛祖針對某個階段該加強的修行重點卻是不斷地變動。所以，我們讀任何一本佛經、佛典，要先知道這部經是佛祖在哪個階段開講的內容，重點是什麼？主要宣揚的是什麼？想讓我們破除的是什麼？這樣子，看經就不會出現矛盾。

佛請弟子富樓那問疾維摩詰

【佛告富樓那彌多羅尼子：「汝行詣維摩詰問疾。」】在此之前，釋迦牟尼佛已經要求須菩提去問候

富樓那名字涵意及古印度取名原則

富樓那出身於自高種姓的婆羅門。父親是淨飯王的國師，母親也頗有名聲。富樓那修行非常刻苦，經過長年的苦行，最後得到四禪五通的阿羅漢果。

從印度的名字來講，「富樓那」只是字而已，並非全名。這就像中國古人的名字結構一樣，古人的名字除有姓、氏之分，還另有名、字與號。古印度的名字則比較簡單，「字」與「母名」合起來就是全名了。

這位善學忍辱者的字是「富樓那」，母名是「彌多羅尼子」。「富樓那」指滿的意思。「彌多羅尼」則是知識的意思，「彌多羅尼子」意指他是母親彌多羅尼的兒子。這個名字寓意富樓那的出生傳說。據說，富樓那的母親在生他的前一晚夢見無數珍寶進入懷內，醒來後就跟她丈夫提了這個夢。丈夫說：既然這樣，那麼，即將出生的兒子應該是智慧滿足的，因此命名為「滿」。

維摩詰，但須菩提說自己無法勝任這項任務，佛祖就轉而要求富樓那，請他代表佛祖帶領眾弟子去問疾。沒想到，富樓那也表示自己有愧而無法勝任。

富樓那是佛的十大弟子裡被後世譽為「說法第一」。他善於分別義理、特別擅長辯才，後來就專門從事嚴法教化的工作，把佛祖講授的經典、理論，以口頭講授的方式（專門說法）來度化人們。據說，因富樓那說法而獲得解脫的人就高達九萬九千多。當然，這並不是具體的數據！不管是八萬四千還是九萬九千，都代表「多」的意思。

總之，富樓那是真修忍辱者。佛經記載了這麼一則傳說：西方有個輸盧那國 (註)，當地沒有佛法，人民特別地兇、粗暴，對外來的陌生人尤其如此。富樓那想將佛法傳到輸盧那國，雖聽說該地民風彪悍，仍不畏懼地決定前往。富樓那在輸盧那國傳法的過程動輒被人打罵，甚至幾乎被殺害，但他都照舊堅定地傳法，並在當地建立僧團。但是，三個月後，富樓那就涅槃了。佛祖特別讚歎富樓那。說他是「善學忍辱者」，意指富樓那

*註：輸盧那為古印度的小國，首都曾為古印度西岸最大的港口城市，位置約在今孟買以北的納拉索帕拉鎮。

的學習非常精進；而且，為了傳法，而「真修忍辱」。
所以，富樓那是佛祖弟子中一位相當了不得的人。

其實，富樓那比佛祖更早圓寂。佛祖《法華經》
的「五百弟子授記品」記載：富樓那被佛祖授記他未來
會成佛，法名如來；在他的佛國淨土裡沒有女人，眾生
都是中性身——「菩薩和阿羅漢無數」。

既然富樓那這位大弟子擅長說法；那麼，維摩詰
先前給了他什麼開示而讓他羞愧而不敢接下佛祖指派的
任務呢？

【富樓那白佛言：「世尊，我不堪任詣彼問疾。
」】富樓那說他自己沒資格代表佛祖去維摩詰居士那裡
探病。

【所以者何？】為什麼呢？

【憶念我昔，于大林中，在一樹下，為諸新學比
丘說法】富樓那說他有一天在樹林的大樹下為剛入僧團
的比丘（諸新學比丘）說法。

一開始，佛祖並不會親自教那些剛入門的比丘最
基礎的佛學知識，都是由弟子們代為傳授。富樓那因為

善於說法，很能演說佛的真實義，就常代佛祖傳授佛法給這些新弟子。

要「入定觀察」才能傳法

【唯，富樓那！先當入定，觀此人心，然後說法】這句話的意思是，維摩詰告訴富樓那：「佛法可不是像你這樣講的！佛法並沒有一套固定教學內容，對所有人用同一套教材演講佛法！你必須根據每個人的根性，隨機相應地去教化，不能只用固定一套東西就對應全部的人。」那麼，如何能知道每位眾生的根性呢？傳授佛法的人必須得透過入定觀察，才能知道學員的不同根性。

什麼叫做「入定觀察」？是指修行者已經達到「他心通」和「宿命通」的程度。從「六神通」來講，擁有「他心通」才能知道對方需要什麼、對方在想什麼。同時還得擁有「宿命通」，才能清楚自己講法的對象屬於哪種層次：對方以前修的是大乘還是小乘？修的是密法還是顯宗？甚至包含對方的生生世世……，這些全清楚了，才能找合適機會用對方能產生共鳴的內容去傳法。

其中，「先當入定，觀此人心」這句是指傳法者

必須先透過「他心通」與「宿命通」來掌握對方的根性，再向對方說法。對每個人所說的法，內容必是不同的！因為每個人的宿命與根性都是獨一無二；還有，對方當下的心理活動也隨時在變動。所以，必須先掌握了這些才能說法。

語貶小乘、揚大乘的緣由

【無以穢食置於寶器，當知是比丘心之所念，無以琉璃同彼水精】這整句維摩詰是指責富樓那，如果比丘學員以前已修過小乘，後來改修大乘，現在的根性已是上根甚至是上上根了，你現在又給人家講一遍人家已經修了幾十年的小乘，等於把別人嚼過、早已沒有營養的「穢食」放到人家的缽裡，要對方再吃一遍。人家的那個「缽」（根性）是個精美的寶器，得放有營養的食物才行！

尤其是「無以穢食置於寶器，當知是比丘心之所念」這段話，把大乘根性比喻成精美的寶器，小乘教義居然被形容為「穢食」，這很明顯地不就是大分別嗎？但只要知道佛祖在講《維摩詰經》的第三階段就是要讓大家脫離小乘，不要再繼續執著小乘，因為小乘的教義對這個階段的弟子來說已像吃剩的「穢食」一樣，再嚼

還有什麼營養呢？如果這時還一味地修小乘教義的《阿含經》，再提升也就只能修成「聲聞」或「緣覺」的二乘人，修到最高的境界，也就是破除我執的阿羅漢了。所以，佛祖慈悲，希望大家在修行的路上繼續提升，因此必須丟棄原先修習的小乘教義。

因此才會用「無以琉璃同彼水精」的譬喻，因為琉璃是非常珍貴的礦石，水晶則是相較低廉的礦石。你提供的東西必須跟對方匹配才行。所以，你講的法要能對應聽課比丘的根性！千萬不能說對方已經是大乘的根性了，你卻還在講小乘的教義給他聽！

而《維摩詰經》屬於《方等諸經》的其中一部，是在第三階段講的，這個階段是佛祖要引領弟子們上大乘去昇華的轉捩點。但是，釋迦牟尼佛一開始在鹿野苑初轉法輪，對「五比丘」開講，後來又招收廣大的僧團，很多出家弟子跟隨佛祖，佛祖都沒有分別。佛祖對所有初入僧團的弟子講的都是同樣的理、同樣的法。即使是小乘教義，佛祖可沒像維摩詰說的必須要隨機教化。所以，維摩詰為什麼要對富樓那講這句話呢？

學佛法為何不可一入門就修大乘

普通人要修行的話，該從哪裡開始起修？絕對不可能一步登天地就直接去讀《方等經》甚至是《般若諸經》。初學佛法的人，不管是何種根性，都必須從小乘教義的《阿含經》修起。先把「人」做好了，然後再一點點地學習如何昇華為「天人」，再昇華成「聲聞道」、「緣覺道」，以及更高境界的「阿羅漢道」、「菩薩道」，這是一步一步升華起來的。為什麼佛祖剛開始給弟子講法時，這些在世弟子都要從《阿含經》修起？佛祖在施行小乘教育就花費了十二年，之後才開始講《方等諸經》，為什麼？因為，小乘教育是基礎！不管大乘或小乘，都得從基礎開始修起。

不然，連如何為「人」都不知道，怎麼能奢望昇華成菩薩呢？所以，在學大乘經典時要清楚知道：大乘經典、大乘的教法必定是以小乘教義為基礎，等有能力做好有形的事情之後，再來破掉有形，接下來才能達到波若智慧、圓滿成佛。這個步驟是不能逾越、無法一步登天的！以成佛的過程來講，普通人叫做「初地菩薩」。

若真正要想成佛，那得經過五十二個階段，共有十七地，差一樣都不行！千萬不要妄自尊大，認為自己

是大乘根性就可以直接讀《金剛經》，以為自己像六祖
惠能一樣憑《金剛經》裡的一句話就開悟。千萬別那麼
想！為什麼中土修佛的人那麼多，但是真正有建樹、真
正能開悟、真正能修成的人卻這麼少？連個阿羅漢都沒
有！因為，一開始學佛的時候就直接學大乘經典，就從
大乘開始起修。

　　很人以為念一句阿彌陀佛，就能頂得上一切佛
法，認為直接包括全部的入門經典，所以自己什麼都不
必學。結果，連「三無漏學」、「四聖諦」、「八正
道」、「十二因緣」、「三十七道品」都不知道。這種
心態怎可能打好基礎？要知道，光是一部《淨土諸經》
只是《方等諸經》裡面其中一小部分；而學《方等諸
經》的時機，則是要先學清楚小乘佛法的教義了，具備
這樣的根基之後才能開始學《方等諸經》。

　　初入門就想直接修大乘佛法的經典，這就像普通
凡人瞧不起「聲聞」、「緣覺」與「阿羅漢」，只想一
下子就昇華成「菩薩」。實際上，自己現在還在「三惡
道」中，連個「人」都不算，卻妄想一步修成菩薩！這
就是中土學佛眾生的弊端。

學佛法也不要一直執著於小乘

【汝不能知眾生根源，無得發起以小乘法】小乘注重自我的修行，稱為「自了漢」。大乘提倡慈悲普渡、度化眾生。大乘與小乘的修行目標都是成佛，但如果自己只是盯住小乘的教義，一味用小乘的教法去修行，雖也能成佛，但修成的是「辟支佛」，得到的果位是「阿羅漢果」。「辟支佛」是不究竟的佛，雖然也能得到解脫，但仍是不究竟。如果從小乘昇華到大乘，行大乘菩薩道，才能得到真正的「無餘涅槃」，道果是「正等正覺」。

南傳佛教非常尊崇小乘教義，所以就只修《阿含經》。在中土學佛尊崇的是大乘，所以一切都從大乘來。其實，現在無論是南傳佛教、北傳佛教都有問題！因為，如果一直執著小乘就會無法昇華，頂多達到「阿羅漢果」的境界；但若一開始就堅持從大乘修起，修到最後就只是一片虛無而已，什麼都沒有！所以，真正要想要修佛的人，還是得遵循釋迦牟尼佛在世時的教法，跟著祖師的腳步一步一步地往前修，從小乘修到大乘，這階段缺一不可。

我們不過是個普通人，現在就定心修佛，從零開

始打基礎。學佛最基礎的就是做好一個「人」這件事。《阿含經》裡面有一系列經典，內容都是在教導我們怎麼把人做好。比如《佛說八大人覺經》就是在教你怎麼做人。當你把人都真正做好了，一步一步地修，就能斷煩惱、除業障，這都屬於「有相」的層次。之後再一點一點地修成「人天福報」。等福慧具足之後，自然就能超越「欲界」、達到「聲聞界」，再達到「緣覺界」。

　　小乘教義就是基礎！有了這個基礎，再來學第三階段《方等諸經》裡的《維摩詰經》、《無量壽經》或《楞嚴經》。打好大乘經典的基礎了，再去學第四階段《般若諸經》裡面的《金剛經》或《心經》，最後再去學第五階段的《法華經》與《涅槃經》。學經階段得按照這樣的順序來，每個步驟都是缺一不可！

　　所以，從「無以穢食置於寶器，當知是比丘心之所念，無以琉璃同彼水精。汝不能知眾生根源，無得發起以小乘法。」整句話是要富樓那可不要因此就貶低小乘、不去學小乘，而想直接一步就進階到大乘。如果這樣就能修成大乘菩薩的話，為何釋迦牟尼佛還要花十二年講《阿含經》，而不是直接講《金剛經》呢？這豈不是耽誤弟子十二年光陰嗎？

　　為什麼？帶有小乘教義的《阿含經》是基礎；有

了這樣的佛學基礎後，先以大乘教義的《方等諸經》來鋪墊，才有機會帶入《般若諸經》的修行階段，更後面才能得到《涅槃經》的大圓滿。所以，學了《維摩詰經》就該更明白小乘教義的重要性。因為，若沒有《阿含經》的基礎，我們就得回過頭去學習小乘經典，學會如何做人，然後才能學大乘、昇華到大乘。所以，中土的學佛人必須要注意：所謂的大乘、小乘是有連帶關係的、是有階層性的。哪個更重要？其實兩者都重要。

講法應激發聽者的大乘種子

【彼自無瘡，勿傷之也】用俗話說，如果連大眾的根性都不知道，那就不要隨便下藥！因為還沒分清楚這些初學比丘的根性，就直接用小乘佛法來宣講教義，這種做法看似適用任何學員，但實際上學員裡有些人已是大乘的根性，天天講小乘的法給他們聽，就像硬給沒受傷的人貼膏藥一樣，這樣做甚至還可能會傷害到他們的法身慧命。

【欲行大道，莫示小徑，無以大海，內於牛跡】意思就是，你如果要對學員宣講大乘佛法，行大乘的菩薩道就像康莊大道，而小乘教義則像崎嶇的山路，小徑又

稱歧途，所以得引導新學比丘到大乘的菩薩道，可不能領他們到小路去！

菩薩道有什麼標誌嗎？佛經告訴我們「菩薩有三事」，以下這三件事是菩薩一定會做的。

第一件事：求無上正等正覺之佛果。大乘與小乘的目標不同。大乘菩薩道要第一個求「正等正覺」的這個佛果，小乘教義求的卻是「自我解脫」。

第二件事：普度眾生。普度眾生是菩薩要做的事情。

第三件事：修「十度萬行」。在救度眾生、和眾生接觸的過程中，菩薩修的是「十度萬行」，或名為「修萬行」。

所以，聽富樓那講法的那些比丘裡，有大根器的就要以十度萬行莊嚴淨佛國土。結果富樓那天天給要走大路的人講「三無漏」、學「四聖諦」、教「十二因緣」與「三十七道品」，等於把大海放到了牛蹄裡。牛蹄裡的小水坑很淺，還凹凸不平。維摩詰用牛蹄裡的些許水和大海來比喻，大乘佛法就像大海般浩瀚，小乘教義就像牛蹄裡小水坑的那一點點水一樣。所以，富樓那講小乘教義給那些比丘聽，這就叫做損小尊大。

【無以日光，等彼螢火】意思是，大乘佛法就像陽光一樣，而小乘的教義就像螢火蟲的光一樣微弱，這兩者不能相提並論。

【富樓那！此比丘久發大乘心，中忘此意，如何以小乘法而教導之？】意思是說，你別看這些比丘才剛學佛法，其實他的過去世早就已種下大乘的種子，這就叫做「久發大乘心」。

那麼，「中忘此意」是什麼意思呢？曾在過去世已種下大乘種子的比丘，在輪迴的過程中由於捨生、受生的隔陰之迷，而在意識上忘了自己曾經一直在修大乘的菩薩道，但大乘的菩提種子可是一直藏在他的八識田，永久都不會失去。一旦遇到大乘佛法的因緣，馬上就會發芽滋長。所以，富樓那你怎能只用小乘的教法來教導他們？你得激發他們八識田內的大乘種子，讓它發芽！」

維摩詰敲打富樓那如何真正說法

【我觀小乘智慧微淺，猶如盲人，不能分別一切眾生根之利鈍】我看小乘的智慧非常地淺薄，就像盲人摸象般地看不到本質；因為不知道整體，就不知道本質

與本體，所以也就不具備「宿命通」、「他心通」這些神通，因此無從看出眾生的根到底是利還是鈍。

維摩詰在這裡指富樓那的智慧「微淺猶如盲人」。為什麼要這樣斥責？就是要告訴富樓那他的問題在哪裡。富樓那是佛祖佛祖十大第子裡說法第一的人，維摩詰就是要敲打富樓那：「光會說法也不行！義理再通，仍是不究竟！你還得實修。」

所以，維摩詰來到講法現場，第一步就直接告訴富樓那在講法之前要先入定：「觀此人心，然後說法。」光是說的天花亂墜，口若懸河，但如果沒學會入定、觀察，沒有「他心通」「宿命通」這兩樣神通，說不了法。

小乘教義也講「戒定慧」；只是，小乘有小乘的修法。小乘的「定」從哪裡來呢？先從「四念住」開始，之後是「四正勤」，在後面就會得「四神足」，這就是小乘的四種定境。

釋迦牟尼佛對所有弟子都是從小乘教育開始教起，這樣的弟子就擁有定功與六神通之基礎的。而且，就算是教小乘教義，也要根據學員的根基不同而逐步點化。但是，富樓那卻沒有定功，連最基本的神通智慧都不具備。所以，即使富樓那被大家評為說法第一，是最

會講經典、說法最厲害的大弟子，維摩詰仍說他智慧微淺猶如盲人，就是因為富樓那沒有定功。所以，維摩詰在這裡告訴富樓那：「你別再講法了！講法可不是只說說道理就行的，你還得有深厚的定功。但是，富樓那你的定功修得差太遠了！所以，你這樣講法其實就是在害人，就是在毀人慧命！你不是在幫人。」

定功，是傳法的基本卻往往被人忽略

這段告誡講經說法者一定要注意這個問題：不是說只要熟讀經典、了解經典的字面意義，就可以去宣揚佛法、教別人怎麼修習經典了。得把心自問有沒有定功、是否具備「他心通」「宿命通」的神通智慧？如果這兩者都沒有就去講經說法，那其實就是在害人。

這裡其實已經沒有所謂的大乘、小乘之別，維摩詰只是在質問富樓那有沒有定功？如果有定功的話，你就知道如何入定，觀察別人的根性。小乘不僅教做人的智慧，還在教人怎麼得定、升慧。等到定功深厚了，才能擁有智慧（雖然這種智慧並不是「般若大智慧」）。但是，富樓那你連這種小乘的智慧都沒有，憑什麼講經說法？你這不是在害人嗎？這段內容也適用於那些好為人師、天天講經說法的「大師」。不管這些「大師」是

身披袈裟以佛門中人的身分出現，還是以白身的俗世身分出現，在給人講佛法之前都該好好反思自己是否具備定功。如果只是理解經典的意義，那可不行！佛法並不是字面上的東西，而是有真修實證的。得要有真功夫，才有資格講法。

　　這段其實就是維摩詰在對富樓那呵斥：你有沒有實修的功夫？沒有的話就閉嘴。富樓那，你有毅力、忍辱、有勇氣、無畏地廣傳佛法，得到了釋迦牟尼佛的讚歎。但光有這些東西還不夠，你自己的修為如何？你沒有定功就開講，豈不是在害人嗎？

以既入三昧示範說法

　　【維摩詰即入三昧，令此比丘自識宿命】因為富樓那沒有定功，入不了三昧，維摩詰就當場示範（既入三昧），讓這些聽講的比丘都能看到自己的宿命（令比丘自識宿命）。這就是神通！不僅自己能看到、知道，還讓對方也能看到。維摩詰當場示範的是哪一種宿命通呢？在《地持論》裡說菩薩具備這六種宿命通：「自知宿命」（自己知道自己的宿命）、「知他宿命」（我知道別人的宿命）、「令他知己宿命」、「令他自知宿命」、「令他知他宿命」、「令彼所知眾生輾轉相知」。

宿命通從「定」中來，這是智慧的一種呈現。什麼叫做智慧？並不是世間的聰明才智，真正的智慧得具備五眼六通，宿命通就是六通之一。

所以，維摩詰就直接示範真正的講法應該如何講。富樓那因為不具備「他心通」與「宿命通」，一講法開口即錯。講法並不是直接按照教義去講，那種叫做「知識」，不叫做「佛法」。但是，世間的知識怎能化作佛法呢？

真正的師者，與傳授智慧的匠師是不同的！

這個道理在儒學裡也通行，並非所有傳授世間知識的人都可以被尊稱為師。

不是只有佛法才會區分世間的智慧與出世間的智慧，儒學也是如此。所謂「形而上者謂之道」的道，那是出世間的智慧。真正的師者傳的是「道」（出世間的智慧）。怎樣才能獲得出世間智慧？那個方法和手段叫做「業」。儒學認為傳播世間的知識者是匠人，不可以稱之為師。連儒學都知道這個道裡，佛法不更是這樣？

富樓那不具備「宿命通」，他傳的雖然是釋迦牟尼佛傳的小乘教義，卻只屬於世間的知識，並不是引領大家走向出世間的智慧。這才是維摩詰呵斥他的重點！

不是因為富樓那給剛入門的比丘傳小乘教義而呵斥他。

　　所以，維摩詰指責了富樓那後就立即示範「三昧正定」。三昧正定是怎麼來的？從小乘的修法中就能得到三昧正定。但是，富樓那連小乘的佛法都沒學明白，難怪挨罵！

　　【曾於五百佛所植眾德本，迴向阿耨多羅三藐三菩提，即時豁然，還得本心】維摩詰只是入了三昧讓比丘自識宿命，這些比丘就明白了：「原來，自己在過去世曾於五百佛所培植過深厚的菩提種子，曾發了大願要成就正等正覺！」一下就聯通了曾在過去世修行的自我，比丘學員們莫不一下子豁然開悟了。

　　這些學員的「阿賴耶識」、「八識田」裡面本來就有菩提種子，這些東西以前都已學過，所以法師現在無須再為他們講法，只需要激活對方的種子，然後滋養它，讓它發芽、長大即可。這是因為維摩詰居士具有深厚的定功，所以很快就能覺察出哪幾個比丘已不再是小乘的根性，大乘的菩提種子早就種在心田中，只需要激活即可，人家一下就知道了，哪還需要富樓那來講法？

　　【於是諸比丘，稽首禮維摩詰足】這些比丘都激

動地頂禮維摩詰。

【**時維摩詰因為說法，於阿耨多羅三藐三菩提，不復退轉**】這些比丘當時因為維摩詰的說法，在阿耨多羅三藐三菩提的這個階段就永不退轉。維摩詰講法了嗎？富樓那跟這些新入門的比丘講了好長時間的法，維摩詰開口卻只是呵斥富樓那一頓，目的是為了鞭策富樓那去深入定功。維摩詰沒講什麼法，只是帶領這些比丘看了一下自己前世修行的路，比丘們卻由此而開悟，而且修行境界是永不退轉。

所以，什麼是真正的講法？真正的講法不落於語言文字，並非口若懸河、妙筆生花就叫做講法，語言入耳、文字入眼而已，如果不入心是沒有用的！維摩詰居士運用自己的神通帶大家到意境裡看到前世的自己，就做了這麼一件事，眾生一下就開悟了。「即使豁然，還得本心」，這才叫做「入心」，這才是真正的講法！

靠定功，以階段性修行小乘、大乘

【**我念聲聞不觀人根，不應說法，是故不任詣彼問疾**】富樓那說自己修行至今還只是聲聞二乘人的境界，定功還沒到能觀察眾生的根基，因此不該為眾生說

法。「所以，我也不能勝任到維摩詰居士處去問候的任務。」

其實，富樓那還挺有自知之明，並沒有狂妄，這就叫做「知人者智，自知者明」。

這段內容，表面看起來是在描述維摩詰對富樓那的一頓斥責，其實是在告訴我們：真正修佛法修的是什麼？不是文字的功夫，不是辯才無礙，那些都是外顯的形，都是幻化的、不究竟的。佛法真正要修的是定功，佛法是從修中來的，不是從說中來的，也不是從談中來的，更不是從口念中來的。

佛講四部《阿含經》就講了十二年，就在告訴我們如何修定功，如何生出智慧？當然，《阿含經》是小乘教義，修出來的是小乘智慧，最多只能修到「聲聞」與「緣覺」，最高得到「阿羅漢果」。若是修大乘菩薩道，其實也是修定，這個「定」修出來的就是「大乘菩薩果」的佛果。

定慧一體，無相之戒

小乘教義告訴我們「由戒得定，然後生慧」。而大乘的修法如何得「般若大智慧」，真正做到無相、無分別？從這兒開始起修，無取捨無比較，心如一體，真

正達到了這種無相的狀態，自然就是「定慧一體」。戒是「無相之戒」的心戒。守好心戒，不重外形，定慧一體。并非由定得慧，而是慧定的當下就生慧，慧的當下即得定，這叫做「定慧一體」。

所以說，小乘、大乘是有階段性的，但是，修的都是定功。

修佛法，是否在修定功？是否掌握修定功的方法？是否堅定地信、堅定地修？是否做到四正勤 (註)？

小乘的修行不外乎就是「四念住」、「四正勤」，然後得「四神足」，如果連小乘都修不好，連小乘的定功都還不具備，怎能奢望擁有大乘的「定慧一體」？所以我們要清楚維摩詰呵斥富樓那的話到底是什麼意思？背後是怎麼一回事？我們若清楚這一段的含義了，就繼續往下一節看。

*註：四正勤，也稱四意斷、四正斷、四正勝，在三十七菩提分法中，其為四種正確修行方法的努力實踐。也就是精進策勵的意思，就是指以精進不懈地努力去修行，斷除懈怠等障礙。

第六節　提點迦旃延應該揚棄小乘

佛告摩訶迦旃延：「汝行詣維摩詰問疾。」迦旃延白佛言：「世尊！我不堪任詣彼問疾。所以者何？憶念昔者，佛為諸比丘略說法要，我即於後，敷演其義，謂無常義、苦義、空義、無我義、寂滅義。時維摩詰來謂我言：『唯，迦旃延！無以生滅心行，說實相法。迦旃延！諸法畢竟不生不滅，是無常義；五受陰，通達空無所起，是苦義；諸法究竟無所有，是空義；於我無我而不二，是無我義；法本不然，今則無滅，是寂滅義。』說是法時，彼諸比丘心得解脫。故我不任詣彼問疾。」

大乘取中道，小乘著二邊

維摩詰在這節的對話，涉及了大、小乘教義對於無常、苦、空、無我與寂滅的迴異思維。

從大乘的教義來講，萬事萬物都是無形、無相、無聲、無滅。從大乘的角度來講「無常」，有兩種解釋：第一種叫「破有常」、第二個叫「破無常」。

為什麼「破有常」又「破無常」，這豈不是自相矛盾？沒錯，大乘教義破的就是矛盾的東西。當「破

有常」立起了「無常」，「無常」也得立即破掉。只有這樣子，才能真正地離「二邊」，並以此而悟入中道————悟入中道能不能入得了中道？這才真正是大乘佛法的教義精髓所在！

大乘教義取的是「中」，破的是所謂的「二邊」，也就是「極端」與「兩面都不是」，這才是真正的大乘佛法。「中道」就是大乘和小乘佛法教育的區別！

所謂「不著相」，包含了「不著相」本身和「著相」，這也是個「二邊」。

我們做什麼事都要「不著相」、「不著於行」，這其實也是一樣「著了二邊」，所以，最後還是得破掉它，以「不著相」來破「著相」。但是，一旦把「著相」給破了，剩下來的就是「不著相」，然後還要同時破掉「不著相」，這才切入了大乘佛法「中道」的精髓核心。

所以，小乘佛法就是「著二邊」、「破世間的相」，因此會有邪惡、正善、光明與黑暗之分，同時也有美與醜、對與錯、好與壞之別……，小乘是有形有相的，是要止惡揚善的。

就小乘教義來看，煩惱是不好的，因此要斷掉煩惱，從此獲得清淨；欲望是不好的，過了就不行，那就

不讓欲望太過旺盛，因此得破除慾望，人為了破除慾望就得戒。不管是邪惡、正善，還是美醜、對錯，這些全都是有形有相的。

同樣是看待慾望，從大乘教義的角度就會說「欲望是什麼？」「欲望有好壞的分別嗎？」然後就把自己那些惡的欲望、過度的欲望、特別執著的妄想，全都給它破掉了。

同時，關於那些要去破煩惱、破欲望的正、靜、美、好、對……也必須全都給破掉了。這個過程會不斷地趨向「中道」，等真正達到「中道」，也就觸及了大乘教義的核心。

擅長辯論義理的迦旃延

在這則故事登場的摩訶迦旃延，被稱為迦旃延尊者（以下簡稱為「迦旃延」），在佛的十大弟子裡被評為「論議第一」，沒有人比迦旃延更擅長討論義理。迦旃延從小受家人影響。他的舅父阿私陀仙人（這名字一聽就知是外道）精通印度教與婆羅門教的聖典，同時還精通占星術與印度的各種古文，這個人學識特別淵博。阿私陀仙人在外道裡也算是神通廣大。

有一則關於阿私陀仙人與摩訶迦旃延這對舅甥的

傳說：當時印度掘出一塊古碑，沒有人認得碑上的文字，國王就貼出告示表示誰能解讀、翻譯碑文就能獲得重賞。迦旃延就揭了榜文。

由於迦旃本身就是學霸，凡是世間的知識沒有他不知曉的，因此很輕鬆就譯出碑文了。但是，迦旃延卻看不懂自己譯出的內容。舅父就告訴迦旃延：「在竹林精舍有個釋迦摩尼，他曾經是太子，現在修有所成，你到他那裡去問問這碑文到底是什麼意思？」

就是這麼一個機緣，促使摩訶迦旃前往竹林精舍。佛祖看了翻譯出來的碑文，就為迦旃延詳細解讀碑文的意思。原來，碑文寫的是斷煩惱、證菩提的道理。迦旃延一看佛祖的知識這麼淵博、思想這麼深刻，居然能把古代的碑文這麼有條理地講出來，因此就特別信服，並從此以後開始跟隨佛祖修行，成了佛祖的弟子。迦旃延除了精勤地修道外，對於弘揚佛法也頗有貢獻。

迦旃延本人屬於精英，他思維敏捷，辯才無礙，說理特別透徹，所以被稱為論議第一。前面提過富樓那是說法第一，富樓那對於佛講過的佛法，能夠完整背誦並且最會講解。迦旃延的專才則展現在辯論經義的領域。關於佛典裡的這句話到底是什麼意思，迦旃延討論出來的內容在弟子當中是最好的。迦旃延特別擅長把經

典裡的思想加以延伸，並落到現實中應用。

　　當時有很多外道都來找迦旃延辯論，結果都因為辯不過迦旃延，就拜服在佛法之下而加入僧團、做了佛的弟子。所以，迦旃延在辯論義理的方面相當厲害。

善於論理的迦旃延竟也會誤解佛的意思

　　【佛告摩訶迦旃延：「汝行詣維摩詰問疾。」】《維摩詰經》這裡提到，釋迦牟尼佛先前已經詢問過多位弟子，希望對方代表他去探問維摩詰，結果大家都不願前去，祂就轉而要求迦旃延：「就由你去吧。」

　　【迦旃延白佛言：「世尊，我不堪任詣彼問疾。」】沒想到，迦旃延也跟佛祖說他勝任不了。

　　【所以者何？憶念昔者】迦旃延說為什麼呢？因為我想起從前發生的一件事。

　　【佛為諸比丘略說法要，我即於後敷演其義】意思是，某次佛祖講了一段法，但弟子卻都聽不太懂，迦旃延的思維向來敏捷，對佛法的比其他弟子深透，且善於演說佛法，能用大家聽得懂的語言來講解，所以就在

佛祖離開之後，迦旃延大家詳細地並加以延伸地演說佛法的意思。

【謂無常義、苦義、空義、無我義、寂滅義】迦旃延為其他弟子講解的這幾個義理全都是小乘的教義，整個意思就是「諸法無常，苦空無我」，即「有為法」。只有最後一個「寂滅不動」才屬於大乘教義的「無為法」。

從小乘教義是如何理解「無常義」？宇宙萬物遷流不停，變化無常，沒有一個東西恆定，全都是五蘊和合而成的；所以，一旦因緣條件改變，萬物也就跟著變，這就是無常，變幻無常。

「苦義」又是什麼？由於無常，所以煩惱不斷。

樂不常苦又不常，苦後又樂，樂後又苦，這個本身就是苦、空，世間諸法都歸於滅亡，就是「空義」。也就是說，從本質來講，萬事萬物都是空。

小乘的教義對「無我」又是如何解釋的？諸法無有主宰，沒有自性，這就是「無我義」。

所以，迦旃延推敲出這個結論：既然從本質上來講，一切都是無常、無我；所以，包括「寂滅義」在內，全都是不存在的。這是什麼意思？因為迦旃延自己

跟隨佛祖修了十幾年的小乘教義，因此他就只會用小乘的教義來思考，所以就他給出上述的講解。

「無常義」、「苦義」、「空義」、「無我義」和「寂滅義」都是小乘佛教的用語，這些也都是小乘佛教最根本的教義。迦旃延因為釋迦牟尼佛祖十幾年來就是在教弟子這些，其實這些全都是「有為法」。

其實，從大乘教義理解的「無常義」，有常就是無常，無常也是無常。它本無生滅，哪有什麼常與不常？

就在迦旃延自告奮勇地用小乘教義幫同學講解時，維摩詰出現了。

【**時維摩詰來謂我言：「唯，迦旃延！無以生滅心行，說實相法。」**】維摩詰向迦旃延講：「迦旃延，你不要用那種『有生有滅』的識心來演說如來的諸法實相！因為你帶著判斷，用『有分別』的有為法，所以你說的都只是表相而不是本質，根本都沒說到如來真實義。」諸法實相是什麼？迦旃延不懂，但佛祖早已完全通達：「無常是無生滅，即是實相。」佛祖對弟子講法的時候也是這樣講的，但因為迦旃延的境界還只是「二乘聲聞人」，還沒到能聽這種內容的程度，迦旃延就去

不掉分別心，思考時總帶著分別。也因為他的境界就在那裡，所以即使聽到佛講「無常」，他也聽不懂，只會認為所謂的「無常」即是生滅法。

若從更深刻的角度來理解，維摩詰對迦旃延講這句話的意思其實就是：「佛祖有講過小乘的教義嗎？佛祖雖然對著普通人講法，但祂句句都是大乘的般若大智慧，從沒講過小乘教義。所以，迦旃延，你不應該這樣講解！」

上句講述維摩詰喝叱迦旃延用小乘教義的「有為法」，因此歪曲了佛祖的講法內容。接著，維摩詰就為迦旃延重新以大乘佛法的角度來解讀剛才佛祖講的「無常義」、「苦義」、「空義」、「無我義」、「寂滅義」到底是什麼。

【迦旃延！諸法畢竟不生不滅，是無常義】從大眾的教育角度來講，何為「無常義」？

前面已提過，「無常義」從小乘的教法來講就是生滅。所謂的「生滅法」，就是有生有滅是為「無常」；世間萬物皆是瞬間生、瞬間滅，這就叫做「無常」。

在有生滅的前提下，所謂的「無常」其實是不圓滿、有缺漏的，而且還有形有相！

　　佛祖說的「無常」，對治的是「有常」；因為，有生有滅的「有常」是一種極端。所以，我們可從維摩詰對迦旃延說的這句「諸法畢竟不生不滅，是無常義」，很好地理解在大乘教義的「有常」與「無常」。

　　接下來，維摩詰開始解釋什麼是「苦義」。

小乘教義如何看待「苦」？

　　【五受陰，通達空無所起，是苦義】所謂的苦、所謂的喜樂，是從哪裡來的？都是因為有「五蘊」，也就是「色、受、想、行、識」。維摩詰把「五蘊」稱為「五受陰」。既然五蘊被叫做「受陰」，它就是虛的、不真實的。

　　因為有了「五受陰」，所以才會有苦和樂的感受。我們從「受」產生苦樂的感覺，再由取捨而引發「想」，最後才是「行」和「識」，如此反覆循環。

　　小乘的教義會告訴我們三界皆苦，整個世界就像烈火一樣在煎熬。三界有八苦，愈往下苦難就愈重，所以小乘要讓我們升起脫離心，要讓我們超出三界、獲得清淨。但是，脫離三界豈不是就在五行之外了嗎？我們到了大菩薩的境界，那就是大自在的境界或直入佛祖的圓滿境界。

　　為什麼人會想學小乘的教義？為什麼要學佛法走上修佛之路？就是因為世間太苦了。但是，苦是從哪裡來的？苦就是從「五受陰」來的。如果能破掉苦的因。那就能得到滅的果，這就是「四聖諦」。小乘說「先認苦知苦」：知道我的人生是苦的，而苦的原因就是「集諦」；我們若要擺脫造成苦難的原因，就得一步步地學「三十七道品」，最後得到「滅諦」的結果：真正地入正等正覺、佛執法涅槃。所以，小乘的教義要求我們從身體開始起修，然後去控制我們的心神……，過程中的一切全都是有形有相的。

大小乘教義對待「苦」的差異

　　但若從大乘的本義來講「五蘊」「色、受、想、行、識」，那個「色」都是假的、都是幻象，你感受是因色而升起的感受，豈不是假的嗎？「想」「行」「識」都是從「受」延伸出來的。如果連個「受」（你的知覺和感受）都是假的，那麼，「想」「行」「識」不也是假中生假、幻上加幻？

　　所以，從大乘教義來講，苦和樂就是空的、是幻象、不是真的。你可不能以此為真。如果你真的認為有

這麼一個「苦」，就會生起「取捨」心。取，就是取樂；捨，就是離苦。但是，真的有「苦」是要離嗎？或者，真的有「樂」是追求的嗎？愈追求，只會愈陷愈深，天天都在分別「苦」和「樂」。那麼，小乘說的「人生八苦」是什麼狀態？我離不了這「八苦」，該怎麼辦？怎麼才能得到「樂」……，其實，愈執著離苦得樂，貪瞋癡慢疑反而會愈來愈重。離苦得樂，「得樂」本身就是強大的貪：能得到了就歡喜，心就平靜：但若得不到樂、離不了苦，就會生起怨恨，恨自己、恨別人、恨外境，即愈來愈執著於苦和樂中，這就是癡！既放不下、又捨不掉。又比如，表面上好像戒淫心，對女人或對異性沒感覺，自己似乎變清淨了。其實貪瞋癡一點都沒戒，只是換了一種法、換了一個方向而已，自己還是脫離不了欲界、脫離不了三惡道。

　　這裡不是說我們不該修小乘。對凡人、普通人來講，就是要從小乘開始修，先斷了最粗劣的煩惱。從給我們帶來煩惱的「五根」（貪、瞋、癡、慢、疑）開始斷，這是有形有相的。但是，當你斷到一定程度時，就不能再繼續在這條路上再斷下去了。因為，這樣子又著了兩邊、走了極端。所以，當小乘法修到一個階段了，「五根」都已斷到某種程度、心稍得清淨的時候，就要

立刻主動接近大乘的教育，把斷除煩惱的想法甚至行為都給斷掉。這時，才向著「中道」去走，才能接近大乘的核心。

一開始修小乘佛法時，先建立的是一種「無常」的思想，並藉此來破所謂的「有常」。

修佛到一定程度就要改用大乘來認知「苦」

那麼，大乘的「無常」是什麼樣的義理？維摩詰講的很清楚：「五受陰，通達空無所起，是苦義」這句話當中就提到了小乘佛法的緣起，告訴我們，當佛法修到一定程度了之後，就要用大乘的精神來認知「苦」的意義：「苦」到底是什麼？它真的存在嗎？……至於這句後面提到的「空」、「無我」、「寂滅」是什麼？維摩詰都用大乘的教義來解釋小乘的理。這就是維摩詰用心良苦的地方。

說到最後，「五受陰」本身即是法性，也不能當成壞的；煩惱的本質也是法性，所以也不能當成是壞的。對法性，我們不應該有任何的取捨。

如果以凡夫之眼去觀察世間萬物，就會發現它們都「無常」：有生滅有無常，有苦有空有物或者有寂滅。但是，如果用菩薩眼，以一種根本的智慧來關照世

間萬物，就會發現「五受陰」皆是法性。「五受陰外常空，本自不起」。苦從哪來？苦就是由五受陰而來。那麼，既然「五受陰」本性是空的，苦又從何而來？所以，這個苦就叫幻上生幻。這才是佛陀講「無常」與「苦」的真實義！

所以，像迦游延還在用小乘的教義來理解「無常」與「苦」，因此就只能理解成無樂即是苦。因為這就是小乘的教義。

何謂究竟空與非究竟空？

【諸法究竟無所有，是空義】這裡的「空」有小乘之空和大乘之空。

小乘是「著二邊」，又叫做「二乘」，它是有對照的。如果從小乘這邊來講「空」，無人即是空，無物即是空……這空間沒有東西即是空，這就是小乘！我的眼睛一看沒東西，就是空！小乘的空就等於「無」。

但若從大乘來講，空中在眼中無所見是空，但這僅僅指你能見得到的那個形是空。但，即使這裡無形無相，看不見任何東西，還有「法」在呢！

這個「法」又是什麼？肉眼見不到就叫視而不見，但其實看不見的還有個「法」。

　　所以，小乘之空就叫做「非究竟空」，它不是究竟的。若從大乘的角度來講的話，不僅人事物是空的，就連那個法也都是空的，這就叫做「究竟空」。「究竟空」認為：人事物是從哪來的？還不都是從「五受陰」而來的！有「五根」「五識」，然後外面有「六淨」，它是這樣相對應而來的。連「六淨」都是虛的，「五根」「五識」都是虛幻的，所以哪有什麼空與不空？……這裡有「非究竟空」與「究竟空」的區別，這就是小乘和大乘的教義有所不同！

　　那麼，我們就清楚了，這裡的「諸法究竟無所有」就叫做「真空」。

　　【於我無我而不二，是無我義】這句又有小乘和大乘的教義區別。小乘即凡夫二乘，認為所有人都該破除「我執」障礙，這就叫做「灰身滅智」（註）。

　　其實，小乘反而又執著於「無我」的「灰身滅智」。能見到「我」與「無我」，這就是著了二邊。小乘認為真有一個「我」，然後「我」怎麼放下「對我的

---

*註：灰身滅智，將肉身焚燒成灰，把心智滅除。意指斷除一切身心煩惱，將身心悉歸於空寂無為的涅槃界。灰身滅智是指，小乘修行者登上境界最高的阿羅漢果。

執著」。小乘每天想著：因為「我」而產生了欲望，如果沒有「我」的話就沒有欲望，我這欲望是假的，我就把這個欲望都給放下，甚至把我的「色受想行識」也逐步地放下，這樣的話，「我」這個障礙就消除了，「我執」就破掉了……。所以，小乘愈修，「我執」愈深重。因為你總認為有個「我」，必須天天都去破這個「我」。

　　真正的大乘修行人來看這件事，就會認為哪有什麼「有形有相」的我？大乘認為就是「法身既真我」。所以，維摩詰才會跟迦游延說「無我而無二」。意思是，我即一切，一切即我。所以，為何有這句：「法身一切具足，盡虛空遍法界，無處不在」？因為一切全都是我。

　　當然，你也不能局限於「一切全都是我」的想法，還要同時認為「一切也都不是我」，這才能破了「我」之形、「我」之相，這才是真正的「無我義」。

　　小乘破我，是把「我」當成了實體的真正存在，如此一來，就導致愈要破這個「我」，反而讓我念、我執變得愈深。

　　這就是大乘小乘對待「無我」的區別。

如何找到寂滅的真義？

【法本不然，今則無滅，是寂滅義】從法性上來講，這叫做「諸法性空，本自不生」。哪有一個「滅」？又有誰在寂滅呢？

從小乘的角度來講，是我要涅槃、我要成佛。我今生就要成佛，今生就要涅槃，今生就有大成就，這全都是建立在有「我」以及「有生有滅」的基礎上，並就不是真實的「寂滅義」。

從大乘的教法來講，「寂滅義」就叫做「法本不然」。「法」本身並不存在，諸法都不是一個真實的存在。所以為何還要去追求所謂的「生滅」、「涅槃相」？還有，我們用什麼去追求涅槃相？是在小乘還是在大乘的基礎之上去追求涅槃相？意思就是：修好了「我」就可以解脫、自在、涅槃；如果沒修好，我就下了地獄，在六道輪迴當中不斷循環、受苦……小乘這樣的想法，豈非還是脫離不了二邊、脫離不了二乘？這不是大乘教義的真相真諦！

所以，應該要從哪個角度去理解「寂滅義」？得從那「法本不然，驚蟄無滅」的角度去理解，這才能既放下我執又放下法執。因為，就連一個「寂滅相」（

或叫做「涅槃相」）也都是「法執」，把這個也得放下了，就會不求而自得。因為，它本來就在那裡，不需要我們硬求。如果硬求，這東西即使求來了，也是畫蛇添足。法性本來就處於清淨、自在的狀態，只要我們沒有任何的妄想與執著，它自然就會顯露。

　　為什麼有些人修佛法會離法愈遠、離道愈遠、離涅槃愈來愈遠？就是因為加的東西太多了！人們這樣做，一開始是出自欲望的緣故，說凡夫的二乘有分別，於是就不斷地往上加，後來去掉「分別」了，但為了追求涅槃，又加了很多東西，甚至比以前的還要多。這樣做反而得不到涅槃，得不到解脫，也得不到清淨。因為你總在求東西，所以才會愈修愈不清淨。真正的大乘佛法、大乘的教義，要人放下一切所求心，這樣自然而然就能得到涅槃、清淨。

修行不必拘於大小乘之分

　　【說是法時，彼諸比丘心得解脫。故我不任詣彼問疾】迦旃延講完這則故事，就對佛祖說：維摩詰居士當時對我解說這個道理時，那些聽到的比丘們其實已心開意解、法喜充滿了。我自愧沒有維摩詰居士的智慧與辯才，跟他差的太遠，所以也不勝任到維摩詰居士處去

問候的任務。

　　迦旃延在說法方面被譽為「論議第一」，但是，他對佛法的佛經或教義的理解，其實還差得很遠。說到底，這就是因為有大乘小乘之別。迦旃延還沒跳脫出小乘教義的窠臼，所以深度還不夠，高度也不夠。

　　這裡其實還有個重點：並不是說高度夠了，以後無論到哪都要講大乘的教義。因為，當境界達到一定高度之後，也就無所謂大乘小乘的區別了。隨機說法，大乘、小乘就會融合。就像釋迦牟尼佛祖在說法的時候，是大乘？還是小乘？或是小乘之中有大乘、大乘之中有小乘？其實，佛講的是不二法，並無大乘小乘法之說。就看聽者是何等境界和根性，境界不同、根性不同，聽到的意思就是不同。同樣是釋迦牟尼佛在講同樣的法，如果參加法會的同時有佛祖十大弟子與維摩詰居士，佛祖十大弟子聽到的各有不同，而維摩詰聽到的佛祖講法，和這十大弟子聽到的也絕對不同。因為，二乘人聽的就是小乘法，大菩薩聽到佛祖講的就是大乘法。其實，佛祖金口一開只講一法，並無分別是小乘或大乘。

　　所以，我們也不要被小乘、大乘給局限了。要知道自己是凡夫俗子，現在要起修的話就該從哪里開始，並且明白修行的目標就可以了。小乘就是「有為法」

，「有為」就是止惡揚善。小乘著二邊，大乘歸「中」道。關於大小乘，我們先理解到這裡。

第七節　指正阿那律獲神通後的心態

　　佛告阿那律：「汝行詣維摩詰問疾。」阿那律白佛言：「世尊！我不堪任詣彼問疾。所以者何？憶念我昔於一處經行，時有梵王，名曰嚴淨，與萬梵俱，放淨光明，來詣我所，稽首作禮問我言：『幾何阿那律天眼所見？』我即答言：『仁者！吾見此釋迦牟尼佛土三千大千世界，如觀掌中菴摩勒果。』時維摩詰來謂我言：『唯，阿那律！天眼所見，為作相耶？無作相耶？假使作相，則與外道五通等；若無作相，即是無為，不應有見。』世尊！我時默然。彼諸梵聞其言，得未曾有！即為作禮而問曰：『世孰有真天眼者？』維摩詰言：『有佛世尊，得真天眼，常在三昧，悉見諸佛國，不以二相。』於是嚴淨梵王及其眷屬五百梵天，皆發阿耨多羅三藐三菩提心，禮維摩詰足已，忽然不現！故我不任詣彼問疾。」

關於天眼的一些迷思

　　在這篇經文，維摩詰斥責阿那律的這段話，對修佛非常重要！很多修佛的人都希望自己能擁有天眼，或

是具備神通。

　　人云：佛有五眼，包含了肉眼、天眼、慧眼、法眼跟佛眼，統稱為五眼。普通人就只有肉眼，禪定功夫深的人才能擁有天眼。比天眼層次更高的慧眼、法眼，則隨著修行層次不同，才有資格擁有。我們必須明白真正的「天眼」是什麼、「慧眼」是什麼、「法眼」是什麼，否則就很容易入了邪魔外道。所謂的「外道」，是指佛法以外的修行。佛法是正等正覺的正道、修行的光明大道；而外道就是小徑、歧途，不是光明大道。

　　維摩詰在這則故事裡的對話提到了「外道五通」。「外道五通」是什麼？古印度的修行者講究由禪定得到五種神通：天眼通、天耳通、神足通、他心通與宿命通。所以，「外道五通」其實也是修禪定的。只不過，如果修的佛法正道最後會得到六通，也就是在上述的「五通」基礎又多了一個「漏盡通」，佛法的這些神通統稱為「五眼六通」。所以，佛法的神通叫做「無漏大神通」，雖然外道也有神通，卻只有五種，所以外道五通又被評為「有漏的神通」。

　　外道最常使用「方便法」。這些「大師」有了神通之後，在宣傳佛法或接引眾生的時候因此特別能夠信服他人；甚至還有人對信徒表示，你們跟隨我修佛法，

以後就能修到佛法的六神通等，其實這些都不是正道！

很多人不知道「天眼」是什麼，就被這樣的話語蒙騙。比如，「你離我一萬公里，你在美國，我這邊一看就知道你在做什麼！」「你身上哪裡病了，我看一眼就知道你身上哪裡有病！」一般人以為能看到一切的就是所謂的「天眼」，或覺得「天眼」就是透視眼，能夠看透衣服甚至皮肉，看到裡面是什麼狀態等。

很多人想要練小神通都被我勸止，為何？有些人根本不懂這些就盲修，結果修到後面把自己練成了精神病。事實上，這些小神通只會將人導入邪途，我們不該追求、也不該盲目崇拜。

這節文章的主角阿那律，在佛的十大弟子裡被譽為「天眼第一」，是第一位開天眼的弟子。

阿那律的出身及背景

阿那律出生高貴，是釋迦牟尼佛的堂弟，所以也是王族。佛祖本是淨飯王的太子，出家之後，他的父親淨飯王就把王位傳給姪子摩訶男，而阿那律就是摩訶男的親生哥哥。

阿那律出家後，也非常勤奮地修法，但他有個愛睡覺的毛病。有次居然在佛祖講法時睡著，佛祖很生氣

地當場斥責：「你聞聽正法，這麼難得的機會，你居然睡得著！實在是太不用心了！」阿那律特別懊悔，當場就發誓：「我以後天天就只精研佛法，再也不睡覺！」從此以後，阿那律真的就再也不睡覺，總睜著眼睛。慢慢地，眼睛就看不清東西了。佛祖擔心阿那律為此過於執著，曾幾次勸導阿那律：「修法確實要精進，但也沒必要如此精進。現在有點過了！無論做什麼，也得掌握住原則才行。」沒想到阿那律來勁兒了！他說，「你看我在法會上發了願，我就必須按照這個願，就不能睡覺。眼睛有病了也不能睡覺。」阿那律仍一味堅持。堅持到最後，兩眼就失明了。

　　眼睛失明就看不了經書，阿那律走路持缽行乞也受影響。佛祖對阿那律失明一事懷有悲憫，也看到阿那律的精進，就教他修天眼的方法。

　　阿那律修成天眼後，修成了天眼通即對世間一切洞明，因為肉眼瞎了才得到天眼。

　　這就是阿那律「天眼第一」的故事。

阿那律與《八大人覺經》的源起

　　還有一則故事發生在阿那律修成天眼之後。當時，阿那律一邊弘法，一邊修行。有天在河邊打坐，正

在尋思所謂的道與佛果，突然就生出這個想法：「道不是由貪欲得到的，是要由知足才能得到的。」意思就是，如果為了貪求佛果，一味地向著佛的涅槃境界去奮進，這樣子反而會得不到佛果，而是要安於當下，知足反而才能獲得。

「我要安於當下，不去追求佛的涅槃境界，因為那是大妄想。當我放下了大妄想、安於當下，反而就能得到佛的涅槃境界。」阿那律這麼思考，然後又想：「道不是在喧鬧的地方求得的，反而應該是在閑淨之處才能獲得……，一切好像都是反著來的感覺。」然後又想：「求道要精勤、要有正念、要多聞、要能真正地有智慧才行……。」阿那律打坐時想了許多。

當阿那律在思考的時候，佛祖就知道他的心意、知道他正在這想這些事。所以，當時機成熟，佛祖就親自到阿那律修行的地方。阿那律一看佛祖來了，就把自己的問題以及自己對這些問題的思索講給佛祖聽，結果獲得佛祖對他的讚歎：「阿那律。你想的是對的！」然後佛祖趁這個機會講一部經。這部在佛法裡很重要的經典《八大人覺經》，就是阿那律作為緣起。

八種覺知與思考

《八大人覺經》談論關於發大願的眾生應建立的覺知和思想、思考的八種成佛的方法，就叫做「八大人覺」，意指大人覺醒的八種方法。這八種方法就是，第一覺，從觀察體會世間無常無我；第二覺，常修少欲；第三覺，知足守道；第四覺，常行精進；第五覺，多聞智慧；第六覺，不失平等；第七覺，出家梵行；第八覺，普濟眾生。

這八種覺知與思考，都是針對那些發了大志向、大願的眾生（也就是平常人），認識世間修、菩薩道及普渡眾生的正確覺知與思考。《八大人覺經》指點這些發願的修行者：在世間該怎麼修？要如何建立正確思想的方法？《八大人覺經》不僅對當時的阿那律很重要，對於後世芸芸眾生如何逐步走入佛道、走入正法，是非常重要的一部經典。

那麼，既然阿那律是「天眼第一」，維摩詰對他的指導一定也與天眼有關。

前面提過阿那律在修成天眼之前的辛苦，以及修成之後的謙卑。然而，再謙虛的人難免也會暗中自傲。這段經文就記述了這樣的故事。

阿那律與維摩詰的因緣

【**佛告阿那律：「汝行詣維摩詰問疾。」**】佛祖
希望阿那律能去探望生病的維摩詰。

【**阿那律白佛言：「世尊！我不堪任詣彼問疾。
所以者何？憶念我昔於一處經行，時有梵王，名曰嚴
淨，與萬梵俱，放淨光明，來詣我所，稽首作禮問我
言：『幾何阿那律天眼所見？』**】阿那律回覆佛祖，說
自己也無法承擔去探望維摩詰的這項任務，因為之前發
生了一件事，他說：「某天，我正在某個地方「經行」
（一種邊走邊修行的方法），當時有位名叫嚴敬的大梵
天王，帶領一萬位梵天，他們全都放著清淨的光輝，來
到我所在的位置，對我頂禮膜拜，並提問：「阿那律尊
者，你的天眼能看到多遠呢？」

【**我即答言：『仁者！吾見此釋迦牟尼佛土三千
大千世界，如觀掌中菴摩勒果。』**】意思就是：各位，
以我的天眼來看釋迦牟尼佛統化的三千大千世界，就像
看手掌裡的石榴一樣。

古印度的庵摩勒果，在印度人心中，地位大約跟

中國的石榴差不多。那麼，釋迦牟尼佛的佛土叫做娑婆世界究竟有多大呢？我們說一個銀河系可能就是一個「小世界」，一千個「小世界」就叫做「小千世界」；然後，一千個「小千世界」才算是一個「中千世界」，要有一千個「中千世界」才是一個「大千世界」。娑婆世界由三千「大千世界」構成。那麼，三千個「大千世界」，到底要有多少個銀河系才能構成一個娑婆世界？總之，大到令人難以想像的程度。阿那律看三千大千世界就像看一顆石榴似地，你說他的天眼有多厲害？

　　當阿那律正在向梵天們炫耀之際，維摩詰再次登場了。

　　【時維摩詰來謂我言】這個時候，維摩詰走到阿那律的身邊對他說。

　　【唯，阿那律！天眼所見，為作相耶？無作相耶？】阿那律，你的天眼看到的三千大千世界是它的形相嗎？還是說，你看到的不是三千大千世界的形相？

　　【假使作相，則與外道五通等；若無作相，即是無為，不應有見】維摩詰追問阿那律，他的天眼看到的

三千大千世界、山河大地、日月星辰、人事物到底有沒有實相。這句也就是在提醒阿那律，他的天眼層次其實很低。

「阿那律，我先問你看到的是形相嗎？如果你看到了三千大千世界的形相還看得清清楚楚，那你就是『外道五通』」，不是佛道。為什麼？佛祖說，不只三千大千世界，一切世界本性皆空。三千大千世界其實也是空的，所以你看到的形相其實全都是幻象。因為你以幻象為識，才會說出「我開天眼能見三千大千世界」的話。你這樣做，就是外道！」

下半句「若無作相，即是無為，不應有見」，裡面提到的「無為」是什麼？小乘教義認為，日月星辰等萬事萬物是有形有相的，這些全都是五蘊因緣和合而生，這就是「有為」。先有了「有為」，之後才會有「有相」。但，若從佛法來探究本質：「它本是離生滅，無來無去」。萬事萬物的本質就是五大皆空（五蘊皆空），本質是「無為」的。

如果真的悟到佛法真諦，就會知道宇宙萬事萬物三千大千世界都是因緣和合而生，其本性是空的，都是影子而已，也就不會只去看它的表面形相（若無作相），而知道它的本質是「無為」（即是無為）。那麼，

這些都是和合而成的幻象，你不應該看見什麼東西啊（不應有見）！

　　凡人的肉眼又被稱為「有礙之眼」，為什麼能見到形相？因為肉眼有礙我們才能看見形狀。如果這是「無外之眼」，人張開天眼所見，還能見到形狀嗎？能見到形狀的，必是「有礙之眼」的肉眼。差別只在於每個人的肉眼能看到的遠近距離不同罷了！有的人只能看到一百公尺內的事物，有的人能看到一公里之遠，還有人能看見廣袤的三千大千世界，但這可不是「天眼」，而是仍屬於凡人的「肉眼」，只不過這種肉眼比普通人的能看得更遠。

　　這段話就是維摩詰斥責阿那律，別再炫耀所謂的天眼了！這還是「外著於相，內作意」？自以為有天眼通，能看得見整個三千大千世界；結果，阿那律看到的三千大千世界，全都是有著各種色彩與各種形狀的，這樣子就是「外著相」！何為「著相」？那必須得先「生義」，先「生義」後才會有相，「不離義」和「相」，都是二乘人。如果阿那律「外不著於相，內也不作意」，那還能看得見什麼？這下子就會看無可看了！即使看了也是什麼都沒有，這是本意，這才是真正的「斷滅法」。

　　所以，維摩詰呵斥阿那律：你剛剛這樣講，透露了你就是個「二乘人」（小乘），別跟人家說這樣炫耀的話語。真正的「天眼」，並不是看得比別人遠就叫做「天眼」！

維摩詰話語帶來前所未有的啟發

　　【世尊！我時默然】世尊啊，我當時聽了維摩詰的話就慚愧得無言以對。

　　阿那律原先還想炫耀自己的天眼有多厲害，卻被維摩詰居士這麼一問，赫然發現自己竟已掉入外道的陷阱裡卻不自知，居然連何謂「天眼」都分不清！

　　【彼諸梵聞其言，得未曾有！】這些大梵天聽到維摩詰的話也覺得深受啟發。「得未曾有」意指聞所未聞，因為維摩詰的話語帶給大家前所未有的啟發，非常珍貴。

　　【即為作禮而問曰：『世孰有真天眼者？』】大梵天立即作禮，繼續追問關於「天眼」的事情：「這世上有沒有真正開天眼的人呢？」

【維摩詰言：『有佛世尊，得真天眼，常在三昧，悉見諸佛國，不以二相。』】我們先來了解這句話裡面提到的一些名詞與相關概念。何為天眼？當你能見的時候、你想見的時候，這叫「著意」。看見了什麼，這叫「所見」，其實就是「著相」。如果你在「著意」又「著相」的狀態下，就會一一追究；如果你在這個狀態下能通達──能見的我和所見的相不離本性自然，萬法皆空。由此可體悟：其實本性具足的佛性也是一種無常、無我的空性。所以，維摩詰會如此回答梵天的追問；這是因為真天眼看到的，哪有什麼形狀？哪有什麼物體？

真天眼看任何東西的時候，已經離開表象，看的都是本質；而本質是沒有區別的。所以，真正的天眼不管看什麼，結果全都是一回事。

真正的天眼不以二相

當人具有通達萬事萬物的本質，這時就是運用「慧眼」來通達空性。所謂的肉眼是有礙之眼。「肉眼」連事物的形都看不全，只能看到一點或是一面。其實「天眼」看到的也不離其形，雖然「天眼」看到的事物形狀跟肉眼看到的有著千差萬別，但對佛而言，知道這都

是假相，所以不會因此來「著相」。再往上，人知道千差萬別宇宙的本性都是一樣的，都是萬有的。

有「慧眼」通達後，就會獲得「根本智」。有了「根本智」之後，就會以「慧眼」為體，「法眼」為用。這時會發現體用是一家，它既不是完全一回事，也沒有任何差異，這叫「非一非異」。如果達到這個狀態，才叫做「真天眼」，才叫做「天眼圓滿」。

這種真天眼就會「見諸佛國，不以二相」，即沒有分別心了，還哪有多種佛國呢？其實本質都是同一個，萬千佛國化而為一，非一非異，這合乎中道。

所以，「天眼」是什麼？不是人能看得多遠、多深、多透，而是一種理、是一種智慧。

維摩詰的回覆最後點出何為真天眼？簡單地說就是「不以二相」，就能洞見「十方諸佛國淨土」。就這麼簡單！既然「不以二相」，還需要看嗎？還需要去分辨差別、內外與形狀嗎？會如此分別者，都是「著二相」。「著二相」的就不是真天眼。

【於是嚴淨梵王及其眷屬五百梵天，皆發阿耨多羅三藐三菩提心，禮維摩詰足已，忽然不現！故我不任詣彼問疾】這個時候，嚴淨梵王和他的眷屬五百位梵天

一聽就明白：他們原先想追求的其實是「二乘」（外道二乘），並不是「真天眼」。只有佛陀才是真天眼！所以，他立即捨棄聖凡之見，發起「成正等正覺」的成佛之心。於是，梵天們頂禮膜拜維摩詰居士。

　　本來嚴淨梵王和這些梵天前來頂禮阿那律，為的是要向他學習怎麼樣修天眼，後來聽維摩詰一講，才明白阿那律的天眼原來是外道，是二乘的天眼、假天眼！佛祖那種的才是真天眼。梵天們明白這個道理之後就直接消失了，也沒和阿那律打招呼。

　　這個故事告訴我們，天眼的層次有別，還有真假之分。

　　阿那律自慚修行層次與維摩詰差距太遠了。當佛祖委派他去探望維摩詰時，阿那律還不知道該如何修真天眼，所以說自己現在還沒有資格代表佛祖前去探望維摩詰。

第三章

第三品弟子品（三）

規勸三弟子趨向大乘但不離小乘

針對佛祖座下的另外三大弟子：優波離、羅候羅、阿難
說明在修行趨向大乘之際，不可離開小乘佛法。這是《維
摩詰經》弟子品後半段很重要的經文內容，修行者必須
慎之、審之！

第一節　引導優波離放下身戒改守心戒

　　佛告優波離：「汝行詣維摩詰問疾。」優波離白佛言：「世尊！我不堪任詣彼問疾。所以者何？憶念昔者，有二比丘犯律行，以為恥，不敢問佛，來問我言：『唯，優波離！我等犯律，誠以為恥，不敢問佛，願解疑悔，得免斯咎！』我即為其如法解說；時維摩詰來謂我言：『唯，優波離！無重增此二比丘罪！當直除滅，勿擾其心。所以者何？彼罪性不在內，不在外，不在中間，如佛所說。心垢故眾生垢，心淨故眾生淨。心亦不在內，不在外，不在中間，如其心然，罪垢亦然，諸法亦然，不出於如。如優波離，以心相得解脫時，寧有垢不？』我言：『不也。』維摩詰言：『一切眾生，心相無垢，亦復如是。唯，優波離！妄想是垢，無妄想是淨；顛倒是垢，無顛倒是淨；取我是垢，不取我是淨。優波離！一切法生滅不住，如幻如電，諸法不相待，乃至一念不住；諸法皆妄見，如夢如燄，如水中月，如鏡中像，以妄想生。其知此者，是名奉律；其知此者，是名善解。』於是二比丘言：『上智哉！是優波離所不能及，持律之上而不能說。』我答言：『自捨如來，未有聲聞及菩薩，能制其樂說之辯，其智慧明達，為若此

也！』時二比丘疑悔即除，發阿耨多羅三藐三菩提心，作是願言：『令一切眾生皆得是辯。』故我不任詣彼問疾。」

真如法性與三戒

在這則故事裡，維摩詰闡述了很多關於「罪性本空」的話。但是這種講法卻很容易讓人迷惑、產生質疑：「既然維摩詰這樣說，為什麼佛祖在講小乘佛法時卻告訴我們不可犯罪孽？」「所以，為什麼要害怕犯罪？反正按照維摩詰的說法，犯了罪之後其實並不存在犯罪的事實。」這就是小乘的教義和大乘教義的區別。

也就是說，看透了以後，就會發現人生和我所觀察到的世界，全都是一齣戲。這齣戲分明就是我們自編自導自演自唱，還自我欣賞。

如果從「真如法性」（註）的角度來看，一切根本全都是無，因此，哪有什麼煩惱可斷、哪有什麼「三戒」可除？但對於凡夫俗子來講，會以為如果沒有煩惱

＊註：真如、法性原本是兩個名詞。真意味著真實、如是如常的意思；真如，意指事物的真實性質與狀況。真如也是法的真實本質。真如法性，表示佛教絕對不變的最高真理。

就能出了「三戒」（註），這時就要拘泥於有「三戒」。

你說它「無」，但其實它還是「有」；如果你說它「有」，但它其實不是真的。這裡，我們舉個例子，換一種表述：當我們看電影時，投影在銀幕的幻象，它到底是「有」還是「沒有」？說「有」，是因為能看到，所以它就是「有」。但是，電影展示的世界在現實中「有」嗎？答案卻變成「沒有」了。這就叫「趨向於中道」。

只有趨向於中道時，我們才能遠離迷昧顛倒，還能破掉譖妄的對立，才不會因此糾纏或質疑。

有些該被人戒掉的項目

但是，凡夫沒有煩惱還不行呢！為什麼？沒有煩惱就會覺得無聊、不夠刺激。因為除了「三戒」，還有「三界」，例如我們為什麼會留戀「欲界」而永無出期呢？就是因為「欲界」有受，它有喜可受，又有苦可受，而我們都想要這種享受，都以這種「受」為真，覺得這些喜或苦都是真。所以，我們凡夫一想到要出三界，首先就是恐懼，因為不願意離開三界。別說離開

※註：三戒指的是戒貪、戒痴、戒嗔。另三界為：欲界、色界、無色界。

三界了，光是提到「色界」和「無色界」都讓人覺得恐懼。因為，那樣的境界既沒有七情六欲，又沒有喜怒哀樂，人與人之間既不糾纏卻也沒有情感，這樣實在是太單調、太無聊了！

　　這就像喝慣了烈酒與味道濃烈的飲料，現在再去喝白開水，即使知道喝白開水對身體好，這還是不願意喝白開水，還是想去喝對身體不好的烈酒和味道重的飲料。現實中有些人口味特別重辣，覺得辣味愈重就愈好吃。吃重辣的時候覺得很爽，吃過之後痛苦；但下次有機會的話，還是想要吃讓人覺得很爽的重辣……，這就是凡夫！

人要清楚大乘教義，不要著了二邊

　　現實中的我們也一樣。如果要實現目標或遠大的理想，就得努力進取，勤奮地實現，即使知道它有「相」也是得做。但是，人在堅定努力的同時，也要明白所謂的目標與的努力其實全都是幻象，不能執著於此，心里必須放下。但是，人可不能因為放下就什麼都不幹了，也不努力了，這是不可以的！這又著了「二邊」，所以我還在堅持著，但心裡又能放下，即使我知道它不是真而是幻，但我還在努力，這樣的狀態才真正是大乘

教義的「中道」。

要清楚，千萬不要總是著二邊。有的學員看到這一段，就暗自嘀咕：原來，什麼五逆、十惡都是假的，都是空的，不存在的！那麼，豈不是殺盜淫妄、酗酒都沒關係了？有些人一下就走上另一個極端，修禪最後修成了「狂禪」、「寂滅禪」、「空禪」。這些走入極端的人總說「空無我」，好像他理解了「空」和「無我」究竟是什麼。其實，這種人什麼都不在乎，也不在乎世間的理法，該努力的時候也不努力，該戒律森嚴的時候卻不嚴格戒守自己的身、口、意，想吃什麼就拼命吃，看見美色就想辦法親近，反正最後就丟出一句「空無我！所以我無所謂。本來連我這個人都沒有，所以，我幹的一切都不存在、都是假的！」

守戒行是最基本的修行

這不是佛的本意！人們不可以著「二邊」，要走「中道」。要把所謂的「中道」與大乘教義這兩個看似矛盾的因素給統一起來，這叫做「矛盾的統一體」，這就是大乘的教義。

所以，當維摩詰對優波離「講空」，其實，「講空」也著了「二邊」。為什麼維摩詰要這樣做？因為優

波離當下還執著於「有」，所以維摩詰必須給他講「空」。

我們現在還是初學佛法者，得從「身相」去修、得嚴守戒律。千萬別聽了講「空」，就以「空」來修，「空」不代表沒有，所以，我們現在還得嚴守戒律，從身、口、意開始修———只是，要在不斷嚴守的過程中同時心裡又能放下。

大乘的菩薩們，像觀世陰菩薩、普賢菩薩、拔陂菩薩、文殊師利菩薩等哪有輕易犯戒的呢？守戒行是最基本的修行，菩薩早已過了守戒行的那個階段。而現在初學佛法者卻連最基本的戒行都守不住，天天被五欲牽引，天天執著七情六欲，然而卻說空、說無我。這哪裡是在修佛？這都快修成魔了，可千萬要注意！

優波離的出家背景

優波離在佛祖的十大弟子中被評為「持戒第一」。優波離出身於印度四大種姓裡階層最低的首陀羅族，他在王子城裡是專為釋迦族王公貴族服務的理髮師。

某次，佛祖回到王子城去度化釋迦族的王公貴族，因而有一批貴族子弟跟隨佛祖，最後受到佛祖的魅力影響而跟著出家，捨棄世間的榮華富貴。這些弟子在

出家前，把自己的財產、華麗的衣服與珠寶，還有平時乘座的大象都送給了優波離。

接收了許多財產、華服、珠寶與大象的優波離因此這麼想：這些釋迦族的弟子如此豪富、有權勢，但他們都想跟著釋迦牟尼出家修行證菩提。人家都能捨棄這麼多的財產與珠寶了，我為什麼不能向他們學習呢？

優波離也發了「出離心」（註），想跟著這些王子與貴族一起向釋迦牟尼學佛法。最後就把對方送給自己的財產、衣服與大象放在樹林裡「誰想拿就拿走吧！」就這樣，優波離也跟著一起出家了。

去掉「我慢」，眾人平等地一起修行

大家一起來到釋迦牟尼佛的住所。因為出家之前要先剃度，這些王子與貴族就一致說要先給優波離剃度。因為，優波離曾是他們的僕人，種姓也最低。在佛祖的僧團裡大家都是平等的，但是優波離以前的身分很容易引起這些曾是王子貴族人的輕慢，或者就連優波離自己也可能還把他們當主人對待。

大家想著該如何打消這種狀態呢？那就請佛祖先

*註：出離心，簡單地說就是不再執著過去的人事物。在佛經裡，專指遠離世間的煩惱與妄念；一般的佛教徒則認為出離心就是遠離世間法、追求解脫之道。

給優波離剃度吧！先剃度者為師兄，在僧團裡必須對長者尊重。所以，大家為了去掉輕慢的習氣，就都請求釋迦牟尼佛先給優波離進行剃度。

根據經典的紀載，傳說佛祖在為優波離剃度時，大地震動，空中還傳出優美的讚歎。大家的驕慢之心一下崩塌。事實上，大家在剃度之前就開始修行了，因為他們當時都已經在修去掉「貪嗔癡慢疑」的我慢之心。

優波離出家之後，因為自己的宿世（生生世世），所以特別善解戒律，持戒也很森嚴；到最後成了佛祖十大弟子裡「持戒第一」的人。

優波離對佛教的發展有著非常大的貢獻。在釋迦牟尼坐化圓寂一個月之後，大伽葉召集五百阿羅漢弟子（五百位證得阿羅漢果的弟子），在王子城外的七葉岩窟進行第一次佛經的大集結。在這場集結的會議，由阿難負責背出佛祖這四十九年講的《經藏》部分，再由優波離把《律藏》的部分背出來。所以，《律藏》這部分的經典都是由優波離傳出來的。

與其說別人犯罪，不如檢視自己修行

【佛告優波離：「汝行詣維摩詰問疾。」】佛祖想指派一位弟子代表去問候生病的維摩詰，沒想到，連

續問了七位弟子都不堪重任。這次，佛祖轉向優波離提
出這項要求。

【優波離白佛言：「世尊！我不堪任詣彼問疾】
《維摩詰經》這裡記載，佛祖跟優波離說你去探望維摩
詰；但是，優波離回覆佛祖說自己也無法勝任這項使
命。

**【所以者何？憶念昔者，有二比丘犯律行，以為
恥，不敢問佛】** 優波離解釋為何自己無法勝任這項使
命，因為過去曾有這麼一段淵源：有兩位比丘犯了戒，
卻因為羞愧而不敢跟佛祖說。

這是怎麼回事？佛經記載，有兩位比丘住在一間
茅屋，兩人結伴在這裡共修。某天，其中一位比丘大清
早就出門了，另一位因為特別睏倦，所以還待在屋裡睡
覺。這時，有位打柴的女子走到茅屋附近，看到門片虛
掩著，以為沒有人，就想在裡面休息一下。進入茅屋之
後，打柴女子看見床上有位比丘正在睡覺。這位比丘相
貌莊嚴，身材又好，女子動了淫心，就壓到正在睡覺的
比丘身上。這位比丘驚醒一看，竟然有位美女壓在自己
身上還抱住自己，自己也淫心大動，也沒有把持住。經

上記載「比丘有不淨流出」，也就是說，這位比丘動了心但其實還沒有男歡女愛的行為。但是，從佛律來講，這位比丘動了心就已經犯了淫戒。

　　這時，大清早就出門的那位比丘回來了，打柴女往外逃。待在茅屋裡睡覺的比丘就跟回來的比丘說了剛才的事。後者覺得這可不行！「你就這樣破戒了。得把這個女的給抓住！」這位比丘就在後面追，打柴女就在前面跑。結果，打柴女不小心失足落入深澗，就這樣摔死了。

　　事情演變至此，這兩位比丘一個放了淫戒、一個犯了殺戒。在這種狀態下，這兩個人覺得自己犯了大忌，罪孽深重。他們不敢向佛祖講這件事，更不敢跟佛祖懺悔。後來想到優波離對戒律研究最深、最透徹，於是，這兩個比丘就偷偷跑來問優波離該怎麼辦。

　　【來問我言：『唯，優波離！我等犯律，誠以為恥，不敢問佛，願解疑悔，得免斯咎！』】這兩位比丘來請教優波離，說我們犯了戒，真的覺得非常羞愧，所以不敢向佛祖請教。請你找到能夠拯救我們的方法，除去我們心中的疑慮。

【我即為其如法解說】優波離立刻就用他「聲聞乘」所持的戒律來為這兩位比丘解說。

為什麼優波離要用「聲聞乘」的戒律來解說呢？因為，釋迦牟尼佛在這個階段只教了小乘佛教的方法及理論，還沒有教大乘佛法、還沒教成佛祖的智慧；所以弟子們在給其他比丘或眾生講經說法時只能依照「聲聞乘」的內容來講法，優波離也就只能按照「聲聞乘」所持的戒律來為比丘講解。

那麼，從「聲聞乘」的角度來講，這兩位比丘犯的殺戒和淫戒屬於不能懺悔的「波羅夷罪」。像是殺、盜、淫、妄，屬於「波羅夷罪」裡罪惡最深重的前四戒。犯了這四大罪的弟子，是不能和其他僧人共住、共修的。

所以，在「聲聞乘」的律法裡，犯了這四大戒就像你砍了別人的頭，即使有再好的良醫也不可能把頭給按回去。犯這四大罪的後果是什麼？就是永被佛法僧團所棄，再也無法回僧團了，也不可能繼續再修正法。

優波離講完後，這兩位比丘肯定是嚇壞了。雖然知道自己犯了重罪，但沒想到後果是這麼地嚴重。其實優波離也很憐憫這兩位比丘，但按照佛祖傳下來的戒律、戒法，就是這麼回事。優波離只能去告訴這兩位比

丘，犯了「波羅夷罪」的後果是什麼，而且永遠沒有機會懺悔、改過了。

正當優波離跟這兩位比丘講解，而兩個比丘愈聽愈恐懼之際，維摩詰來到他們身邊，對優波離說了以下的話。

維摩詰指出優波離詮釋有誤

【時維摩詰來謂我言：唯，優波離！無重增此二比丘罪！當直除滅，勿擾其心】這時，維摩詰來到優波離面前說：「優波離，你不要在這裡落井下石，增加兩個比丘的罪過！」

為何維摩詰會這麼說？

因為「二乘人」說法卻未斷法執，並不知道諸法如幻。如果說諸法如幻，所謂的重罪，本性還是空的。而我們都在五陰當中，既然都在五陰當中，我們的人生就像遊戲，就類似做夢一樣。夢中有善惡，夢中也有犯罪或積福。夢中的罪和福是根本的東西嗎？是實實在在存在的嗎？一旦夢醒了，在夢中的罪和福還能起左右命運嗎？

這兩位的比丘犯了重罪，就像小孩在夢中闖下大禍然後恐懼地大叫。所以，維摩詰接下來對優波離講「

當直除滅，勿擾其心」，意思就是：你得像菩薩或慈母一樣，不能再去嚇唬對方，反而要安慰對方、成為他們的依靠。你在跟這兩位比丘講這個道理，不能因為對方犯了錯，就把這個錯當成真，然後給他們判死刑，讓他們永世不得翻身。你這樣說豈不是讓他們愈來愈害怕嗎？這樣一來，他們就沒有機會改過，以後可能成為惡人甚至直接成魔。因為，對方會認為自己反正都得下地獄，乾脆破罐子破摔。所以，你這樣子說豈不是害了他們？

優波離的「法執」與「我執」

在這裡解釋一下，優波離當時還是「二乘人」，所以本身持有巨大的分別心。因此，優波離會把罪的本身當真，因此很執著於罪。但對真正修行有成的人來講，不該執著於表面，即不可執著於法。執著於法，就叫做「法執」。

「二乘人」滯礙於「無為」，為了遠離罪和福而昏昧。但如果從大乘菩薩的角度來看，不管是罪也好、福也好，本性皆為空。所以，我們不可以執著於罪或福。

維摩詰在這裡提點優波離：還只是聲聞乘的你，

首先要破「我執」。但即使你已經破「我執」了，但「法執」還在，所以，優波離你雖已斷了煩惱，出離「三界」，修成聖界的四果而達到阿羅漢果；但你以為自己這樣就修成了嗎？不，因為優波離你的「法執」還在！

維摩詰這句「當直除滅，勿擾其心」就是告誡優波離，你不要把這兩個人的罪當真，這不是真的，那就像一場遊戲一場夢。因為，一切的法皆幻，所以，哪有什麼罪，哪有什麼佛？人既沒有重罪，也沒有重福，這個就是大乘菩薩道破「法執」的教義。所以，從大乘菩薩的角度來講，所謂的戒律、這兩個比丘所犯的重罪，其實都是「萬法皆空」。

二乘人以「識心」來做事

從「本性本空」這個角度來想，如果凡夫「二乘」被汙名束縛，就會覺得犯了這個重罪的這件事是真的，因此人就被束縛了，永遠無法從罪惡感或恥辱中解脫出來。這樣子，誰也救不了。所以，我們這時應該怎麼做？應該安慰對方，消除他的恐懼。在他還沒從夢裡醒過來時，我們不該去擾亂他那顆本來就不安定的心，不該跟對方說那些用「二乘人」角度來解讀的戒律。

【所以者何？彼罪性不在內，不在外，不在中間，如佛所說。心垢故眾生垢，心淨故眾生淨。】因為，罪和福的本性是空，惊和喜是妄有，罪和福、惊和喜，本是「真如本性」所幻化、呈現的一面。「真如本性」本身是盡虛空遍法界，所以，它既不在內也不在外，也不在中間。

何為不在內？即不在「六根」之中；何為不在外？即也不在「外六塵」之中；何為也不在中間？不在中間——即也不在「六識」。「六根」、「六塵」加上「六識」構成了「十八戒」。想在「十八戒」中要找到福或罪，其實都是「了無可得」。借用大乘的說法，就是一切清淨。

萬法皆空，身受心法全都是空

人心本來就像虛空般地沒有任何瑕疵。但是凡夫「二乘」卻以「識心」來做事，他自己有判斷，然後就按照這個判斷去做事：「我覺得這是對的，這樣做就積福。」「我覺得這個做惡！」結果，這樣就產生了「妄作」。由實心而妄作，這叫「實心妄作」。

「顛倒實相」而為，就形成「妄境」。識相顛倒，不知道啥是真的，以為眼見就是真，這叫做「顛倒

實相」。因果也一樣。大家都說「種了善因就會得善果」，其實這也是個妄境。「種惡因就會得惡果」，這也是妄境。這都是由實心、用實心妄作，最後形成了「認假為真」的妄境。煩惱由此而生。

　　所以，帶著這樣的心來看，你即使生在天堂或是下地獄，其實它就有罪和福的有相之心了，所謂「不在內，不在外，不在中間」，那到底心在哪裡呢？其實，我們不能說它在哪裡；因為，法身本性的東西既碰不到也摸不著，但是它卻可以顯化。只不過，法身本性的東西一旦顯化出來，就又全都是妄境。

　　所以，我們得破除各種幻境，這樣才能找到真正的「真如本性」。當找到「真如本性」了，就發現萬法皆空，身、受、心、法，全都是空的，都不是實有！

心本性是空，即「心淨」

　　【心亦不在內，不在外，不在中間，如其心然，罪垢亦然，諸法亦然，不出於如】這句話的意思是：罪是由心而起的。如果說罪是由心而起的，那麼，心就是生成罪的根本。心本來是空的，這才合乎「法性真如」。本性是空，心也是空的。既然心是空的，那麼，從心生出來的罪惡怎會是實有？

　　如果你不認為心是空的，而是以為心是實有的，在這種情況下，你造的罪才是實有的。如果把心給看透，心本性就是空，所以我本來是空的，因此哪有什麼罪，這就叫「心淨」，要有清淨的眼來觀察。

　　我們要搞清楚這點，不要在幻境上去論是非。「色法」是本性皆空，「心法」也是同理。

　　所謂「識性虛妄」，就猶如空中之花。所謂的空中之花，就是凡夫俗子眼睛疲勞以後產生的幻覺。當我們揉眼睛或瞪大眼睛之後，再去看虛，感覺空中就像有斑斑點點、好像花一樣的光，這種光有時甚至有會漂移。其實那不是光也不是花，而是眼睛疲勞以後產生的幻覺。色和心的二法亦如此。「色法」與「心法」都是由眾生意根造作出來的。就因為有了所謂的「六根」，然後配合所謂的「六境」，導致人們妄作罪福。其實，從本質上來講，「根」和「境」原本清淨就如虛空，不可以琢磨真相。我們以為虛空中有著各種的人事物，就像空中之花一樣，也全是幻想，但我們卻以此為真了。

　　在這裡說的罪和福，其實也是同樣一個道理。

　　從佛說的這句「心垢則眾生垢」來看，如來傳給眾生的法本來應該是清淨的法，不是汙染的。但是如來傳的二乘（小乘）教法就不是究竟的「清淨法」了，這

是「有為法」，也叫做「有染法」。

「有為法」告訴大家：什麼可以做、什麼不可做；做人應該從哪開始做？這是「有形有相」，不是「究竟法」。這種法不是清，而是「心有所染，心有所垢」，小乘認為染和垢是真實存在的。而我們現在要將修行提高一個層次，所以要從有形有相的「二乘法當中」脫離出去，昇華到大乘的菩薩道。

要昇華到大乘的菩薩道，就得從根本上改變觀念，不能帶著分別取捨之心，也不可以再用實心把空中之花或空中樓閣之虛認為是實的。維摩詰真正要教導優波離的，正在教導優波離走向大乘的修行之道。

【如優波離，以心相得解脫時，寧有垢不？我言：『不也。』維摩詰言：『一切眾生，心相無垢，亦復如是。』】這段對話的意思是就如上所述：心妄則境妄，心如則境如。

「如優波離，以心相得解脫時，寧有垢不？」意指一切的妄想和沾染，乃至淫業及殺業，如果用慧眼觀察，它們都是不存在的。因為這些全都不是實相。如果是這樣，還有什麼罪是不能了脫？這就叫做「以心相得解脫」。如果「心相解脫」了，你還有罪嗎？

心若解脫，就不會有汙垢和沾染了

【我言：『不也。』】所以，優波離就回答維摩詰「不再有了。」因為，如果心能得到解脫，就不會再有汙垢和沾染。

【維摩詰言：『一切眾生，心相無垢，亦復如是。』】這句話告訴我們，「空」並不是什麼都沒有。個人造的罪，要不要受懲罰？當然要！你要接了福，那有沒有福德？當然有！受不受福報？當然要受！。當然，上述的都是「有」。但是，如果你覺得這就是真，你就會執著於這個「有」，即是在小乘境界。反之，如果你要說它「無」、什麼都沒有，認為「我做了惡因，我不會受惡果」或是「我種了善因，我也不會得福報」，這樣的想法也是小乘。

這叫做「兩邊」，是我們必須得破掉的。破掉這個以後，才能傾趨向於中道。最後，維摩詰向優波離說：「是這樣子的，一切眾生心相，非垢非淨也是同一個道理。」

什麼叫做「非垢非淨」？這裡不能簡單地說是因為有「因果不昧」。所謂的「不昧因果」就代表「有」

。但，也不能簡單地就說它是「空」（沒有）。這兩種說法都不對，都是「著了二邊」。

小乘的教義告訴你：「有這些」、「對」「你不能去做」、「只要犯罪，就得落入三惡道」……等等。

放下「我執」，那就清醒了

【唯，優波離！妄想是垢，無妄想是淨；顛倒是垢，無顛倒是淨；取我是垢，不取我是淨】這話本身就「不究竟」。為什麼？

「妄想是垢，無妄想是淨」這句意思就是：妄想是不好的，帶給我瑕疵，使我沾染，讓我糾纏在世間，所以我得去掉妄想，去掉妄想才能得到清淨。

其實，這句話就是對立，對立不符合中道！我們先看到維摩詰把對立的兩面先給立出來了，這叫做「不立」與「不破」。我們先理解這個涵義。

「妄想」想的是什麼？「淨相」又是什麼？

所以維摩詰這樣跟優波離說：「妄想是垢，無妄想是淨；顛倒是垢，無顛倒是淨；取我是垢，不取我是淨。」這句話意思就是：能不能放下「我執」？如果放不下「我執」，那就是執著；如果放下「我執」，那就清醒了。

若從大乘教義來看，罪惡也是空！

【優波離！一切法生滅不住，如幻如電，諸法不相待，乃至一念不住；諸法皆妄見，如夢如燄，如水中月，如鏡中像，以妄想生。其知此者，是名奉律；其知此者，是名善解】維摩詰在這裡又向優波離繼續說明。這句「一切法生滅不住」告訴我們到底有沒有生、滅。如果從「真如本性」的角度來講，答案是「無生無滅」。那麼，到底有沒有呢？其實還是有的；但這種「有」卻是「如幻如電，諸法不相待，乃至一念不住」。

罪是怎麼來的？罪從妄中生。如果說連妄想都「非有」（不存在），那麼，罪又哪裡存在呢！因為，從大乘教義來講，一切其實都是空！

【諸法皆妄見，如夢如燄，如水中月，如鏡中像，以妄想生】維摩詰接下來說：如果能達到這個境界，知道這個道理──「不生諸法的差別法相」，就能真正地奉持如來的清淨律行。這樣子，你才達到大乘佛法的高度。

【其知此者，是名奉律；其知此者，是名善解】

如果你真的明白「知差別法相，非法相」這個道理，才可以稱得上是「善解如來真實義」。

這句話就在告訴優波離：你若要做到真正的「持戒第一」，就必須得破「戒」這個相。要知道，諸法皆空，所以「戒」的本性也是空的。但並不是說因為「戒」不是真的，你就不能把它當真。

優波離修行最看重的就是守戒

看到這裡難免會質疑這到底是怎麼回事，小乘教義和大乘教義的差距這麼大嗎？

先前佛祖在講四聖諦、三十七道品的時候，一再告誡我們要守五大戒、修十善、破八邪。還說我們若不破掉五欲、八邪與十惡，或是屢犯戒律、不行善道、心存八邪，就會墜入三惡道。

那麼，為什麼到這兒又說罪和福都是空，不管你做或不做它都不存在，這全都是如幻如電……，這到底怎麼回事？我們到底要不要行善、要不要修十善道、要不要修三十七道品、要不要守戒律不犯殺盜淫妄了？維摩詰在這裡對優波離指導戒律，維摩詰講的話是為了要促使優波離從小乘昇華到大乘。但是，我們在學這一段的時候，得要對維摩詰這段開導的經典要有所認識，認

識什麼呢？即不要偏執！

　　要知道這是維摩詰居士針對優波離所講，而優波離是持戒第一的弟子，他最看重的就是守戒的修行。

　　本篇一開始介紹優波離時，寫他「戒律森嚴」。那麼，優波離守的是什麼戒？其實，優波離守的就是身戒（把身子給守住）。守身戒能讓自己這副有形的身軀清淨、無染。優波離已經很能嚴守戒律了，甚至已經做得過度了，因此就把「嚴守戒律」當成真。優波離認為，把戒律都守到位了，我的修行就能圓滿，就能昇華到大聖菩薩道或是獲得佛果。

放下身戒，才能守心戒、再昇華

　　因此，維摩詰才會在這個時候前來提點：「這樣做不行！你必須還得放下。你真正要守的應該是心戒，這才能再往上昇華一步。」「要守心戒，就得放下身戒，因為那是空的。」「無人相、無我相、無眾生相、無壽者相，相本皆空，罪也是空。如果這些都是空，那麼，你在守什麼？戒什麼呢？」「所以，你還得放一下。放下了才能昇華。」「放下，可不代表著我就不守這個戒了，就可以為所欲為、什麼都可以做了」──可不是這樣的概念！你不能說不是東就是西，不是好就

是壞，要麼拿起要麼就放下，其實這樣子就是不離『二乘』。」

　　維摩詰居士講這番話的意義就是：守戒守得太過，就要把「戒」這個相給放下；放下，不代表就沒有了，而是要取中道。也就是說，我還要堅定地守戒，但心裡不把它當成實有。我也知道它不是空，我還得堅定地守戒，也不能輕易犯戒。這才真正是大乘的教義！

　　【於是二比丘言：『上智哉！是優波離所不能及，持律之上而不能說。』】於是，這兩個比丘讚歎維摩詰這番話是無上的智慧，連持戒第一的優波離也遠遠不及。優波離也對維摩詰佩服不已。

　　【我答言：『自捨如來，未有聲聞及菩薩，能制其樂說之辯，其智慧明達，為若此也！』】所以也接著說：「除了如來，維摩詰的辯才，沒有一個聲聞或菩薩是他的對手。能夠成就這樣法喜充滿的辯論，可見維摩詰智慧的光明已經通達到這種境界了。」

　　【時二比丘疑悔即除，發阿耨多羅三藐三菩提心，作是願言：『令一切眾生皆得是辯。』故我不任詣

彼問疾】這兩位比丘當下就消弭了疑惑與悔痛，，又發起了要修成正等正覺成佛之心，並且講出這樣的誓言：「希望讓一切眾生都能明白領悟大乘教義的理。」最後，優波離就向佛祖告罪：「所以我無法勝任向維摩詰問候的任務。」

迷者以情執著於身

這就是《維摩詰經》裡由優波離帶出一段關於戒律的省思。我們要注意在戒律這方面，所謂的罪、福、性、空都屬於物質層次的「淨戒」。

唐朝〈永嘉大師證道歌〉有這麼一句：「夢裡明明有六趣（即六道），覺後空空無大千。」這個「夢裡明明有六趣」就是凡夫俗子的層次。我們生活在夢裡，就覺得這夢是真實不過的，這些山河大地、日月星辰、還有那些與我相關的人事物也都是真的。但當我覺悟了以後，卻發現「空空無大千」，這一切原來並不是真相。所以，說眾生在迷的時候，六趣的感受都是真實的。那麼，當你用慧眼來觀察的時候，就會發現並不是這麼回事。迷者「以情執著於身」，這些感受確實是真實的；但是，悟者皆知非「有」。所以，在夢裡也不可以胡作非為、任意妄為。

　　真正修佛法要修到什麼程度？不管是清醒的時候，是在現實世界還是在無意識的在夢境裡，都要能嚴守戒律，即不放縱、不執著、不妄想，一切都要守著「中道」（中觀之道），這才是真正的大乘菩薩道。

第二節　指引羅候羅省思真正的出家

佛告羅候羅：「汝行詣維摩詰問疾。」羅候羅白佛言：「世尊！我不堪任詣彼問疾。所以者何？憶念昔時，毗耶離諸長者子來詣我所，稽首作禮，問我言：『唯，羅候羅！汝佛之子，捨轉輪王位，出家為道。其出家者，有何等利？』我即如法為說出家功德之利。時維摩詰來謂我言：『唯，羅候羅！不應說出家功德之利，所以者何？無利無功德，是為出家；有為法者，可說有利有功德。夫出家者，為無為法，無為法中，無利無功德。羅候羅！出家者，無彼無此，亦無中間；離六十二見，處於涅槃；智者所受，聖所行處；降伏眾魔，度五道，淨五眼，得五力，立五根；不惱於彼，離眾雜惡；摧諸外道，超越假名；出淤泥，無繫著；無我所，無所受；無擾亂，內懷喜；護彼意，隨禪定，離眾過。若能如是，是真出家。』於是維摩詰語諸長者子：『汝等於正法中，宜共出家，所以者何？佛世難值！』諸長者子言：『居士！我聞佛言，父母不聽，不得出家。』維摩詰言：『然，汝等便發阿耨多羅三藐三菩提心，是即出家，是即具足。』

爾時，三十二長者子，皆發阿耨多羅三藐三菩提心，故我不任詣彼問疾。」

破除對於出家的迷思

這則故事的重點是「出家修行」這件事進行了一番探討。

首先要釐清的是，出家修行是否要具備「出家相」？

其實，大乘佛法並不在意修行者有沒有「出家相」。不要以身相離家，並不是進入寺廟身披袈裟叫做「出家」，大乘佛法重視的是心態！

「不依世相，而依義言。」如果能了聞義法，其實心就已經是出家。如果真正能做到身口意無逆惡，那就具足清淨戒，「如是見佛法身」。

反之，如果不是「了義法」，又沒有發菩提心，即使有緣分出家，也取得父母的同意，這種就叫做「依世相而逆言」。這種依俗出家，等於是把出家當做職業來看待，這種心態出家跟還沒有出家、沒有脫離世俗，其實是一樣的！

為何靜波法師要在其著作《維摩詰所說經》講義這樣寫道：「一般凡夫能出四趣，不能出天道，而出家

求滅,則五道都出。」

　　眾所皆知,如果凡夫俗子修善行、積累福報,便能不墜地獄道、餓鬼道、畜生道等三惡道。

　　人道之上還有天道。凡夫俗子再努力修也不能脫離天道的輪迴,但出家修行的人是能出離五道。

　　「出離五道,淨五眼,得五力,立五根,不惱於彼,離眾雜惡,摧諸外道,超越假名。」這段話是維摩詰告訴羅侯羅:「佛性是不增不減的,眾生性或凡夫性也是不增不減的,所以,人如果能夠脫離天、人、畜生、鬼、地獄這五道,就真的能夠度化眾生了嗎?」

　　這就像在睡夢中看到有很多眾生受苦,然後去救助他們。但是,那些出現在睡夢中的苦難者、求救者是真的存在嗎?如果連那出現在夢中的都沒有,那麼,我究竟是「度」了誰?

　　佛「度」的是眾生嗎?其實,哪有什麼眾生可「度」的!眾生既是佛,佛既是眾生。所以,救度眾生,其實也是在救度自己。這當中沒有一個實相,沒有一個是真實的。

什麼是五眼？

　　如果用這種方式去觀察，就可以得到「五眼圓通」。「五眼圓通」才能真正地看到實相。所以，一個人具備五眼是修行的一個過程。

　　五眼從哪裡來呢？就是從字義上看指的是，認識和領悟到的外境及虛相。

　　外境皆虛相，你到底用眼在看些什麼呢？肉眼看到的是現實，那是滯礙之眼。天眼能看到本質，但本質是什麼？其實就是虛的幻象。

　　「我眼見之形」不是本質，天眼看到的才是本質。所以我們首先要注意怎麼修這個五眼。

　　見滯礙即只能看見障礙的，這就是肉眼，又名為「障內之眼」。

　　「障外之眼」就見障外，這是天眼。天眼能看見肉眼看不見的。但是肉眼看不見的，不是也包括幻象嗎？

　　又為何要慧眼？照實相者為慧眼。慧眼並不是指眼睛看見了什麼，而是一種智慧。當智慧達到這個境界，自然就會知道萬事萬物的一切形相、明白有形有相之為何，這叫做「照實相」之慧眼。

到了三乘法滅之後獲得的神通，稱為「佛眼」。

何為佛眼？照於佛性兼無法不知，這就是佛眼。

所以，怎麼做才能「淨五眼」呢？首先必須通達大乘教義，領悟「法法皆空，本性真如，何為虛相，何為實相」的道理。在這個狀態下，真正地放下「分別、取捨」，才能「一眼照見萬事、萬物、萬有之人」之本体，才能真正得五眼。

羅候羅與佛祖的父子緣分與出家機緣

佛祖的第九位大弟子就是羅候羅，是佛祖的親生兒子。有意思的是，羅候羅在佛祖出家以後六年才出生，這個現象稱為「住胎」。羅候羅這個名字意味著「覆障」。因為羅候羅是佛祖在出家之前種下的胎，所以稱為覆障。也就是說，這個胎因為在母體裡頭被包裹、有障礙而出不來，因此得名。

佛祖與羅候羅這段父子因緣還有個故事。

當年，佛祖還在王宮裡當太子的時候就很渴望出家。有多位相師在四月初八這天對淨飯王說：「如果悉達多太子今夜不出家，明天四月初九就會有七寶自行來到。」所以，淨飯王為了不讓悉達多太子出家，以便王

位有人繼承、王族這一支能夠繁衍，就用娛樂來誘惑悉達多，以拖延他不出家。悉達多在這一晚果然被誘惑了，欲心內發，當晚就和王妃耶穌陀拉男歡女愛。王妃並在這晚受了孕。

這個時候，菩薩靖居天特別悲傷。因為，如果連太子（當時還沒成佛）貪於五欲，眾生要由誰去「度」呢？所以對太子說：「你還有更重要的使命，怎能探索這個領域？」其實，當天晚上悉達多太子就下決心要出家。因為，當靖居天悲傷的時候，太子也感應到了。當太子出家六年成道之後，就聽到王妃耶穌陀拉生下羅候羅的消息。

其實，羅候羅之所以能成為佛祖的兒子，也是他的前世果報。制度論就說羅候羅過去曾為國王，但因讓修行者饑餓六日，所以才遭此報。意思就是，羅候羅前世身為國王，曾讓修行者餓了六天，所以這世才會住胎六年。其他佛經則有另一種說法，羅候羅曾填住老鼠洞，把裡面的老鼠給憋死了，因此受到六年的果報。

與羅候羅有關的典故

羅候羅還被稱為「宮生」。因為羅候羅是在太子（佛祖）出家六年之後才生出的。那麼他還算是佛祖的

兒子嗎？大家都不認，說要燒死羅候羅，但是耶穌陀拉王妃卻說：「如果羅候羅不是悉達多太子的兒子，我就投火而死！如果我投入火中不死，那就說明羅候羅是悉達多太子的兒子。」因為那時候沒有DNA鑑定的技術，沒法做親子鑑定，只能用這種方法。所以，耶穌陀拉王妃就投入火中。突然之間，火焰化成紅蓮，反而把王妃護住了。這樣子，釋迦族的人才真正承認羅候羅是悉達多太子（佛祖）的兒子。既然羅候羅是真正的宮生，所以名字也叫「宮生」。以上就是幾則與羅候羅有關的典故。

羅候羅十五歲剃度，由舍利弗擔任他的戒師，二十歲就成道，只花了五年時間就得到道果，相當厲害！因此，羅候羅在佛祖十大弟子當中被評為「密行第一」。

教導眾人何謂真正的出家

【佛告羅候羅：「汝行詣維摩詰問疾。」】當佛祖向羅候羅提出這項要求時，羅候羅已得到道果了。但是，羅候羅卻說自己也無法承擔這項任務。

【羅候羅白佛言：「世尊！我不堪任詣彼問疾。

所以者何？憶念昔時，毗耶離諸長者子來詣我所，稽首作禮，問我言：『唯，羅候羅！汝佛之子，捨轉輪王位，出家為道。其出家者，有何等利？』】羅候羅解釋原因。以前，毗耶離城（註）長者們的兒子來到羅候羅居所，恭敬地向他禮拜之後就提問：「羅候羅，既然你是佛祖的兒子，捨棄了轉輪王的王位而出家修道；出家到底有什麼好處？」

　　句子裡提到的「轉輪王」（註），又稱為轉輪聖王。所謂的轉輪王分成金轉輪、鐵轉輪王，簡稱金輪王、鐵輪王。如果佛陀不出家，就能當金輪王而統四天下。羅候羅如果不出家，就可以做鐵輪王，統一天下。

　　轉輪王是人間的王，世間所有鬼神，無論是地面的或在空中的，都必須聽從羅候羅的話；因為羅候羅本身就擁有大神通，其曾多次演化大神通。既然像羅候羅身為這麼厲害的鐵轉輪王都願意出家了！難怪這些來自毗耶離城的人會好奇到底是什麼原因吸引羅候羅出家。

*註：毗耶離城為古印度城名，位於今印度比哈爾邦首府巴特那的北邊。在釋迦牟尼時代是繁榮的大城，也與佛教甚有淵源。維摩詰就住在此地，佛祖也在此城預言自己將入滅。

*註：古印度認為人間分成四東西南北四大部洲，人間有五種王，按照權勢與神通等級分為：金輪王（轉輪聖王）、銀輪王、銅輪王、鐵輪王，以及粟散王（各國小王）。前四者維轉輪王；其中，最高等的金輪王統攝四洲，最低等的轉輪王（鐵輪王）能遊行南洲一洲，但各國也皆歸他統轄。

【我即如法為說出家功德之利】羅候羅說，我就按照佛祖為弟子們開示的言語，向他們解釋關於出家的功德利益。

所謂「出家的功德利益」到底有哪些呢？根據小乘的教義，《阿含經》裡有篇《出家功德經》講了許多關於人為何出家修行、出家的好處之類的內容。

羅候羅就按照《出家功德經》的內容，向諸長者子解釋出家的好處。他打個比方說：比如，有人造了五逆十惡 (註) ，殺盡三千大千世界的眾生，或用殘酷手段割掉眾生的鼻子、挖掉他們的雙眼，這個罪業大不大？

長者諸子就回說：「此人罪惡無量無邊，多到不可以計算的程度了。罪業這麼重大的人，根本沒法救！」

羅候羅接著問：「如果有人能拯救這種惡人，又把他殺的這些人給救活，治癒了被割掉的鼻子、被挖掉的眼睛；你說，這樣的人功德大不大？」

這些族長反應特別憤怒。這時，羅候羅就說出家的功德要比這還要多、還要大，何況出家還能證得「三

＊註：五逆是五種會墮入無間地獄的重罪：殺父、殺母、殺阿羅漢、破和合僧（破壞比丘們的法會）、出佛身血（傷害菩薩或毀壞佛像）。十惡是招致苦報、惡報的十種的惡業：殺人奪命、不與而取（盜竊、搶竊）、邪淫、妄言（狂妄或欺騙）、兩舌（挑撥離間、造謠中傷）、惡口（出口傷人）、綺語（髒話）、貪欲、嗔恚（憎惡與記恨）、邪見（不信佛法並宣揚）。

明六通，具足八解脫，出生死入涅槃」。只要出家了，功德就是這麼大，更何況修有所成！

　　當羅候羅按照《出家功德經》為這些長者諸子講述出家的有大功德，這個時候維摩詰來擔任羅候羅的逆行菩薩（註）。

　　【時維摩詰來謂我言：『唯，羅候羅！不應說出家功德之利，所以者何？無利無功德，是為出家』】 這時，維摩詰跑來跟我說：你不該對他們講述出家的功德之利！為什麼呢？因為，只有不為功德、不為利益，這才是真正的出家。

　　維摩詰這句話提醒羅候羅，所有的福德都不應該攀著、不應該著相。身為大乘菩薩，不見有利益，不見有功德，如此才是真正出了三界的家。

小乘的有為法才會論及功德

　　所謂的功德，就叫做「有相」的功德。當羅候羅跟人們解說這些「出家功德」，其實說的都是「有相」的功德：「出家後有何種好處，那比鐵輪聖王的功德、

＊註：逆行，一種菩薩的法門，認為那些打擊、壓迫、欺辱你的人，可以促使你昇華，是為「逆行菩薩」。

好處都大。」這時維摩詰過來了指正羅候羅說：「羅候羅，你不可以這麼說；這樣說就是『有相』，這是小乘的叫『法』。你不能告訴別人說出家就能獲得大功德來誘惑、勾引長者們？什麼才叫做『功德』？無利無功德是為出家。」也就是說，不是為了利，也不是為了要得到大功德而出家，這才是真正的出家。

【有為法者，可說有利有功德。夫出家者，為無為法，無為法中，無利無功德】如上所說，因為認為出家能給自己積累無邊無量的大功德，為了大功德能消除五逆十惡，所以才出家，這樣的行為就是「有為法」。

出家修道是無相、無住、無著，波羅蜜屬於「無為法」。在「無為法」中一切本空，萬象皆空，哪有何功德利益可說？所以，如果通達一切法，叫「法法而如是，意即：一切法皆是清淨，本性皆空。本性就是清淨的、就是空的。它該是什麼就是什麼，不能去用世俗或「有相」的引誘讓別人出家，這是不可以的！

那些真正出家的人，也不是要想得到有形有相的福和報。如果要想得福報，就不要去出家，直接在世間種福報就可以了。出家要得的是淨名，是清淨。

因此業有善業、有惡業，還有淨業。出家要得淨業，這淨業叫做「無為法」。在「無為法」怎能用功名、利祿、福報來做標準呢？這個是不可以的。

從大乘角度來看「真正的」出家

【羅候羅！出家者，無彼無此，亦無中間；離六十二見，處於涅槃；智者所受，聖所行處；降伏眾魔，度五道，淨五眼，得五力，立五根；不惱於彼，離眾雜惡；摧諸外道，超越假名；出淤泥，無繫著；無我所，無所受；無擾亂，內懷喜；護彼意，隨禪定，離眾過。若能如是，是真出家】彼岸的意思，也就是脫離紅塵。「此」就是在紅塵這個世間。所以這句「出家者，無彼無此，亦無中間」的意思是：從大乘的道理來講，真正的出家人因為無彼無此，所以不應該放棄俗事。

要知道並不是一定要身披袈裟才叫做「出家」，而是「不棄俗世，不壞世法（或不毀世法）」，正常該怎麼做就怎麼做。

所謂「不棄俗世，不壞世法」意思就是，我不與現實世法對立。既不遠離也不隔離，以妙觀察智 (註) 迴光返照。摧毀阿賴耶，打破煩惱境，跳出煩惱坑。如果能真正地斷除無明，這才是真正的出家了。

　　出家不一定要在山洞修行才行。如果一定要在廟裡面遠離紅塵才能捨得清淨，這叫做「出家相 (註)」。但是，出家相遠離了紅塵，心就能靜下來嗎？心就能遠離世俗紅塵、七情六欲、男歡女愛嗎？不一定。

　　如果真正能做到心淨，就是無「彼相」、無「此相」，也無所謂的「中間相」，哪有善惡之分？

　　【離六十二見，處於涅槃；智者所受，聖所行處；降伏眾魔，度五道】裡面的「離六十二見，處於涅槃」，意思就是：如果你真的能理解這點，這就叫做「離六十二見」。

　　所謂的「六十二邊見」是指古印度「外道」所持的六十二種邪見。一旦能「離六十二見」了就能「處於涅槃」，然後「智者所受，聖所行處；降伏眾魔，度五道，淨五眼，得五力，立五根」。這句意思是，如果真的能做到「真出家」的「無彼無此」這一點，又能「離六十二見」，就能夠恢復諸法的本來面目，又能夠安住

*註：妙觀察智，為佛的四種圓滿智慧之一。這四智包含了大圓鏡智、平等性智、妙觀察智、成所作智。妙觀察智是從有漏的分別識轉變的無漏智。擁有妙觀察智，就能辨明萬事萬物與諸法，並能向大眾說佛法，令眾生修行境界不退轉。修行過程共有十個道階，必須達到第七地的階位，在斷除修惑之後，才能獲得妙觀察智。
*註：出家相，是指外在以出家人特有的剃髮、穿袈裟的形象示人。

於自性清淨的涅槃。這才是真正的摩訶般若波羅蜜的三昧，是智者的真實受用，也是聖人實踐的真正所在。

如果按照這個方法做到「如是體正，則法法皆真，眾生即佛。」這個時候，眾魔就不可安立，就再沒有任何魔需要降服，所以叫做「降服眾魔」。

所謂的「外境」，不管是佛也好，魔也好，神也好，人也好，六道眾生也好，其實都是自己的化身而已，你所見到的六界眾生、佛魔、神仙都是從自己的人格轉化、幻化而生的，外界哪有魔／佛？

所謂的「度五道」是什麼？佛經說：「一人出家，魔宮震動，即始動魔宮，終必降伏，既降伏四魔，必超度五道，一般凡夫能出四趣，不能出天道，而出家求滅，則五道都出。」

淨五眼之後能獲得的神通與智慧

【降伏眾魔，度五道，淨五眼，得五力，立五根；不惱於彼，離眾雜惡；摧諸外道，超越假名；出淤泥，無繫著；無我所，無所受】「五力」，其實是在五根的基礎上，因為五根具足而形成的五力。即在五根（信根、勤根、念根、定根、慧根）的基礎再持續修行，就能達到五種解脫之力：信力、勤力、念力、定力、慧

力。因此才說「五眼則五力,利五根,不惱於彼」。

而「不惱於彼」意指不受外界的煩惱(離、眾、雜、惡),心清淨了。也就是所謂的「念大逆不道,諸惡其是遠離其心。」

真正的出家,必須先破了出家相

【出家者,無彼無此,亦無中間;離六十二見,處於涅槃;智者所受,聖所行處;降伏眾魔,度五道,淨五眼,得五力,立五根;不惱於彼,離眾雜惡;摧諸外道,超越假名;出淤泥,無繫著;無我所,無所受;無擾亂,內懷喜;護彼意,隨禪定,離眾過。若能如是,是真出家】這段話的意思是:當我們理解大乘的教義了,就會知道所謂的「實相」其實是「眼見一切皆是虛妄」。當我們知道這些道理,就能摧毀一切的外道邪說,超越一切假名——人所立,或意識所立之一切(這叫做「超越假名」)。

「處淤泥、無繫所、無我所」,這句意思是說:我身處淤泥卻不受汙染,不繫著一切的境相,同時又能放棄對外境與內欲的主客觀執著。所以,維摩詰接下來說的這段話:「出淤泥,無繫著;無我所,無所受;無擾亂,內懷喜;護彼意,隨禪定,離眾過。若能如是,

是真出家。」意思就是說，心淨自然就能平靜、不被外界擾亂，內心懷著無限喜悅。我既不遠離眾生，也不忤逆眾生，恒能隨順眾生，同時又能夠隨緣任運，遠離一切過失。然後，在行住坐臥的過程皆能在定中。這種定是不「定」自定，不求「定」之相而有「定」之實。

如何能做到真正的「三昧定」？那就要真正地去領悟大乘的教義：「法法皆空，本性真如。」但是我又「不離世俗，又不壞世事」。身不離開紅塵世俗，心卻一直都在定中。如果能做到這樣破了出家相，那才是真正的出家。

所謂「破了出家相」，即在現實生活中沒有必要去模仿出家人的言行舉止與外在形象（身穿袈裟、遠離紅塵，然後深入寺廟或住在山洞裡），而是維持自己原本狀態，心時時在定中。

自己出家還需徵求家人同意？

【於是維摩詰語諸長者子：『汝等於正法中，宜共出家，所以者何？佛世難值！』】於是維摩詰回過頭來對這些長者諸子開始教導：其實現在正是佛現世的正法時期，你們也應該一起出家來修行。」

【所以者何？】剛才維摩詰說了不必要有出家相，所以，一般人在家修行不也是修嗎？為何維摩詰現在又希望大家也一起出家去？

維摩詰接著就給大家講明這個道理。

【佛世難值！】這句意思是：佛正法難聞，佛能駐世宣正法是非常大的機緣，機不可失！所以你們應該出家，這樣就能跟在佛的身邊，直接獲得佛的教誨。這是非常難得遇到的機緣，一旦錯過這個機會，千生萬劫再也不會遇到了。

【諸長者子言：『居士！我聞佛言，父母不聽，不得出家。』】諸長子就回答維摩詰居士了：「我們聽說，如果沒有經過父母同意是不能出家的。」

「如果你沒有得到父母的同意，那你最好還是不要出家。」這是佛祖曾經教導大家的一段話，相關故事在佛經裡面也有記載。

有一個人出家了，他的父母特別地憂愁、痛苦，就到佛祖的父親淨飯王面前告狀。淨飯王說：「悉達多不讓我知道就私自出家，這也讓我很憂愁、痛苦。」悉達多王子（佛祖）當年佛祖出家的時候，因為父親淨飯

王不同意，祂就偷偷摸摸地私自出家。從此以後，佛祖的父母只好不同意「子民不得出家」的規定。

　　既然國王開口了，就有人把這件事向佛祖說這件事。於是，佛祖就制定一個戒律：「若父母不聽，不得出家」，否則，「去度之者，得吉羅罪」（未經父母同意就去剃度的人，就犯了吉羅罪）。

　　所以，是佛祖自己制定了這個規矩。

　　【維摩詰言：『然，汝等便發阿耨多羅三藐三菩提心，是即出家，是即具足。』】維摩詰就說：「好，那你們就發願要成佛。如果真的發願了，那就等同出家一樣，也就具足修行的清淨戒了。」

　　【爾時，三十二長者子，皆發阿耨多羅三藐三菩提心，故我不任詣彼問疾】這個時候，三十二位長者子聽到維摩詰的說法，就全都發了阿耨多羅三藐三菩提心（想成就正等正覺，然後成佛的願望）。當三十二位長者子散發出這樣的信息之後，羅候羅就明白維摩詰講的原來是這麼回事了。

　　【故我不任詣彼問疾】羅候羅對於自己沒能認識

大乘佛法還誤導他人之事深感羞愧，因此也說自己確實
沒有資格勝任這項任務。

第三節 斥責阿難說佛身無疾無惱

　　佛告阿難：「汝行詣維摩詰問疾。」阿難白佛言：「世尊！我不堪任詣彼問疾。所以者何？憶念昔時，世尊身小有疾，當用牛乳，我即持缽，詣大婆羅門家門下立。時維摩詰來謂我言：『唯，阿難！何為晨朝，持缽住此？』我言：『居士！世尊身小有疾，當用牛乳，故來至此。』維摩詰言：『止，止！阿難！莫作是語！如來身者，金剛之體，諸惡已斷，眾善普會，當有何疾？當有何惱？默往阿難，勿謗如來，莫使異人聞此麤言；無令大威德諸天，及他方淨土諸來菩薩得聞斯語。阿難！轉輪聖王，以少福故，尚得無病，豈況如來無量福會普勝者哉！行矣，阿難！勿使我等受斯恥也。外道梵志，若聞此語，當作是念：何名為師？自疾不能救，而能救諸疾人？可密速去，勿使人聞。當知，阿難！諸如來身，即是法身，非思欲身。佛為世尊，過於三界；佛身無漏，諸漏已盡；佛身無為，不墮諸數。如此之身，當有何疾？時我，世尊！實懷慚愧，得無近佛而謬聽耶！即聞空中聲曰：『阿難！如居士言。但為佛出五濁惡世，現行斯法，度脫眾生。行矣，阿難！取乳勿慚。

』世尊！維摩詰智慧辯才，為若此也，是故不任詣彼問疾。』如是五百大弟子，各各向佛說其本緣，稱述維摩詰所言，皆曰：「不任詣彼問疾。」

接著來講解說佛的十大弟子最後一位——阿難。

阿難多的出身與背景

阿難多聞善記，記憶力特別好，在還沒有文字的時代，凡他聽過、看過的都能被他口述出來，多少年以後也不會忘記。所以當佛祖圓寂後在七葉窟，由大迦葉第一次集結演說佛法時，由阿難負責來記憶背誦，經部《經藏》這部分就是由阿難背誦出來的，再得到五百阿羅漢弟子的認可。佛教的經典就由此而來，然後優波離負責《律藏》。

還有個說法：第一次大迦葉集結演說佛法的時候，其實沒有邀請阿難。為什麼？大迦葉是佛的大弟子，他是承接衣缽者，在召集第一次大集結時，因為佛的弟子很多，而何等境界的弟子才可以來參加法會呢？大迦葉設一個條件，必須達到了阿羅漢果，才有資格可以參加法會，並由大迦葉在三昧定中來鑑別。但那時阿難還沒證得阿羅漢果，所以沒有資格參加集結法會。阿

難因此特別著急，結果趕在法會前一夜就證入阿羅漢果，趕到了七葉窟，才有資格參加。於是，釋迦牟尼佛祖的佛法傳承衣缽，就是先傳給大迦葉，大迦葉又傳給了阿難，才有這麼一個順序。

「阿難」是梵文，翻譯就叫「歡喜」，或者「無染」及「博文」三個意思。阿難不僅是佛祖的堂弟，同時也是佛祖的內侍，他入門比較晚，但佛祖晚年的時候，阿難一直跟在佛祖身邊來服侍，可說是佛祖最親近的人。

「阿難」名字又有「歡喜」，有三個含意：

第一個是釋迦牟尼佛在過去修菩薩道時，曾經發願：如果他成佛的時候，侍者名曰「歡喜」。

第二個是阿難降生於釋迦牟尼佛祖三十歲在菩提樹下得道當日的晚上。淨飯王（即佛祖的父親）也是阿難的伯父特別歡喜高興，就定那一天叫「歡喜日」，阿難正好那天出生，所以取名「歡喜」。

第三個說法是指一個人外貌特別端莊，別人見了都歡喜，就像現在明星一樣，顏值特別高，因此也叫「歡喜」。阿難是白飯王的兒子，出生的時候正好有天人在空中就對淨飯王說太子成道，舉國歡喜。以上是阿難的一個簡單介紹。

阿難說明與維摩詰的因緣

【佛告阿難：「汝行詣維摩詰問疾。」】阿難是佛的十大弟子之一，也叫「多聞第一」，是佛祖的堂弟。所以當佛祖看到前面九個弟子都不去探視維摩詰，那就對阿難說：「你去吧！」

【阿難白佛言：世尊！我不堪任詣彼問疾。所以者何？】阿難就對佛祖說：「世尊，我也勝任不了。為什麼？」下面阿難就解釋原因。

【憶念昔時，世尊身小有疾，當用牛乳，我即持缽，詣大婆羅門家門下立】指有一天師尊（指佛祖）有小病（發燒感冒之類），想喝點牛奶、牛乳，讓阿難去要點牛奶以補充點營養。然後阿難就持缽，就到了大婆羅門家，也就是富人家才有牛奶，並站在門下化緣。

【時維摩詰來謂我言：唯，阿難！何為晨朝持缽住此？】這時剛好維摩詰居士跑來問阿難說：「阿難你大清早的，站在人家門口持缽做什麼呢？」

【我言：居士，世尊身小有疾，當用牛乳，故來至此。】阿難回答說：「佛祖有點小感冒，需要吃點牛乳，所以我到這來乞食。」

【維摩詰言：止，止，阿難！莫作是語。】指維摩詰馬上要阿難停住，不要再說了，一下就打斷了阿難，不讓他繼續說。

阿難解釋被維摩詰居士斥喝的原因

【如來身者，金剛之體，諸惡已斷，眾善普會，當有何疾？當有何惱？】這個意思是指如來佛祖的身體，已不是我們所說的凡夫之身，佛已經修成了法身自在，法身、化身、報身這三身可以修成一體。

至於報身，佛祖也不是凡夫俗子的報身，因為凡夫俗子的報身是由五蘊和合而成，是往事因緣聚合而形成，由業報聚成的肉身。但是從佛來講，他的業報已消，已是圓融圓通，所以佛祖常住三昧已屬於金剛體，其報身隨時都可以呈現，也隨時都可以消失，可以化成任何的一個形態，這就叫「法身自在」。且一切惡法不再升起，一切善普周法界，已達到圓滿境界。這樣的身體怎能有病呢？病是煩惱（即八苦之一），而佛已經是

漏盡通,修成了五眼六通,佛祖不是普通的報身,怎麼能得病呢?怎能有煩惱呢?

【默往,阿難!勿謗如來,莫使異人聞此粗言,無令大威德諸天及他方淨土諸來菩薩得聞斯語】意思就是阿難別說話了,趕緊走吧,不要誹謗師尊,讓外道的人聽到這些不恭敬的話,更不要叫這些大威德諸天和他方淨土來的諸菩薩聽到這樣不能增長信心的話。

【阿難,轉輪聖王,以少福故,尚得無病,豈況如來無量福會,普勝者哉!】阿難,不要說圓滿的佛,就連天人甚至世間的轉輪聖王,因為行世間十善,而能得到一些微小福報的原因,尚且都不會生病,更何況如來無量福德智慧之身。

【行矣,阿難!勿使我等受斯恥也】維摩詰讓阿難快點離開,別再給我們這些佛教徒丟臉。因為自己的境界不夠,修行不夠,看到佛祖得病了,就把佛祖當成了凡人,當成跟你一樣的肉身?維摩詰開示阿難會生病,是因為他的身體就是一個業報之身,就是屬於五蘊聚合而來的身體,也即凡夫俗子的身體之所以會生病,

是因為有煩惱，而病是煩惱的一種，在於往生所造諸惡
業，而當下業報顯現的原因，是因果。但是佛可不是這
樣，接下來維摩詰把這個道理給阿難再講清楚。

維摩詰解釋佛的法身境界

【外道梵志若聞此語，當作是念：何名為師，自
疾不能救，而能救諸疾人？】「外道」泛指在佛祖出世
之前或者出世的時候，印度遍地都是外道的，前面章節
所介紹的六師，其實只是外道當中最典型的，也是影響
力最大的。現在印度已經沒有佛道和佛法，因為佛法已
經傳入中土，其他都是外道。

「梵志」是什麼呢？古代的印度，信的是大梵
天，修習的就是大梵天，也就是婆羅門，婆羅門的志
向是什麼呢？就是求生大梵天的國界，所以這就叫「
梵志」。於是整句話意思是，如果讓外道梵志們聽到佛
祖生病，他們就會想這算什麼天人師表呢？還說自己圓
滿？連自己的病都不能調理，憑什麼去救別的有病之
人？於是當他們產生這個想法時，還有誰會信你呢？就
是這個意思。

【可密速去，勿使人聞】所以維摩詰要阿難快點

走,千萬別讓人聽到你說這個話,因為這可是嚴重的誹謗如來。

【當知,阿難!諸如來身,即是法身,非思欲身】於是維摩詰給阿難講道理,為什麼說如來佛祖不可能得病,要知道所有成佛得道的人,身有三身——法身、報身、化身,而到了法身之化身時,「思」就是妄想顛倒,「欲」就是欲望,佛祖已經不會陷入這種妄想顛倒及欲望而產生的三界之內有形的報身。

【佛為世尊,過於三界】佛為九法界眾生的大道師,早已超越三界一切有為之法。

【佛身無漏,諸漏已盡】佛早已脫離煩惱,已經徹底清淨,即佛身無漏。佛即法性,已得法身自在,盡虛空遍法界,不垢不淨,不增不減,不生亦不滅,並無法在法性之外,即已經圓滿。所以「諸漏已盡」,已經是無為之身,也就不墜入三界九有之數。

【如此之身,當有何疾?】這樣的身體怎麼會生病?不可能!

【時我，世尊！實懷慚愧，得無近佛而謬聽耶！】阿難表示：「這個時候我心生慚愧，但是心裡還有點進退兩難，難道是我沒聽明白佛祖對我講的話嗎？是因為我聽錯了嗎？」這裡阿難為何進退兩難？因為他來乞食牛乳是釋迦牟尼佛讓他來的，但是維摩詰又這麼說，使他有點不知所措了。阿難在聽到維摩詰解說後更困惑了，到底佛祖是有生病？還是沒病？

【即聞空中聲曰：阿難，如居士言，但為佛出五濁惡世，現行斯法，度脫眾生。行矣，阿難！取乳勿慚】這時空中傳來一個聲音，即是佛祖的聲音給阿難說，確實像維摩詰說的這樣子，佛本來就沒有病，因此不能用凡夫想法去思考，只是因為佛祖慈悲隨緣救度眾生，所以他才會現世在這五濁惡世中。

何謂「五濁惡世」？

至於這裡的「五濁惡世」是何意？
第一個濁叫「劫濁」，表示世間有很多劫難。
第二個濁是「見濁」，表示世間眾生沒有沒有正見，邪說橫行。

第三個濁就是「煩惱濁」，表示眾生都是煩惱無盡的，樂少苦多，即煩惱多。

第四個濁就叫「眾生濁」，指凡夫俗子很難精進修成阿羅漢菩薩或者佛。

第五個濁就是「命濁」，這裡的「命」是壽命的意思，命有長短，且有順利不順利，就是命濁。

所以「但為佛出五濁惡世，現行斯法，度脫眾生」的意思是，佛祖是為了隨緣救助娑婆世界裡的五濁惡世之眾生，所以才出現在這個世界。而佛在芸芸眾生中，自身已經完全圓滿清淨，如同鏡子一般清淨明亮，沒有任何一點瑕疵，來到世間是來讓眾生看到佛祖一切行為以反射出自己行為。如果眾生有病，那麼鏡子中就會呈現出病的形象。如果眾生業盡淨空，如來呈現法身即什麼都沒有，哪裡會有病呢？就如同鏡子本身清清淨淨，沒有任何的汙漬，但是站在鏡子前面的人身有汙漬，鏡子就會映出來它的樣子，但是這時你不能說：鏡子是不乾淨的、有汙染的。並不是這樣子的，佛祖就是為了照見眾生，以此而現出樣貌。

闡述大小乘佛法的教義及境界之不同

所以在這裡佛祖又說：「阿難！取乳勿慚。」就

意思就是：「快去取你該取的牛奶，不要心生慚愧，別難堪了。」

一般人看到這一段的時候，其實會有些疑慮：

第一、佛祖到底是真有病？還是沒病？

第二、如果佛祖無病，那這個「病」又是怎麼回事？

第三、阿難的牛奶到底應不應該取？尤其一開始師尊佛祖讓阿難去取牛奶時，維摩詰居士告訴他，佛祖沒病，取什麼牛奶？然後等到阿難不想取的時候，空中又有一個聲音告訴阿難，要把牛奶拿回來了。

其實，在這裡分別闡述了大小乘佛法的教義及境界之不同。

佛祖師尊到底有病？還是沒有病？從小乘佛法教義來講，佛祖是有病；但從大乘佛教義來講，佛祖是沒病。而且就「病」來講，本質又是什麼？

首先要清楚眾生為什麼會生病？這個病是怎麼來的？這就直接涉及到病的根源。

如果從佛法來講，身無病，一切病皆是心病，說得非常的清楚——每一個眾生身體都是金剛不壞之身，所以身體本身是不會得病的，即使外界環境有風寒、濕熱，也不會使一般人的身體生病。

　　但有人會質疑：這怎麼可能。外面瘟疫、病菌不就讓我生病，別人若用刀用槍砍我殺我，身體不就得受損害，甚至身體會死亡。這些不都是外界來的嗎？所以這裡一定要搞清楚：身體本身不會得病，甚至大多數是因外界諸多的物理化學，包括風寒、濕燥熱、環境溫度的變遷都不會讓身體得病。唯一的生病來源就是心病，叫「心有漏」，這是因為心有業障，然後呈現在身體上，是唯一一個病根，而所有的病都是這樣來的。也就是說，一切的疾病的發生必從「心」來，而不是身體，所以身體不會生病。但這個概念很多現代人根本就接受不了，包括中西醫學。

　　中醫就認為身體之所以會生病主要是與地、水、火、風四大不調而來，因此陰陽失衡了，然後才會有外界的風寒濕燥熱，影響一個人的作息時間及心情，導致生病。西醫則認為外界的病菌、病毒及氣候變遷，導致身體生病。

　　但是佛法卻不是這樣認為，佛法認為身體不會自己得病的，外界環境也不會導致身體得病，而這些都叫「外因」。相較之下，真正生病的內因就是「心有病」了。其實心本來不可能得病，因心體本空，在法界內不增不減、不垢不淨、不生不滅，所以怎麼會得病呢？

但「心有漏」，因凡人必是有形之身，還在三界內，所以觀念及知見被局限，於是強烈認為有「我」這個形體存在，這叫「我執」。有了我執，再有法執，在這種狀態下凡人才會得病，心才出現所謂的「有漏」。因此在有形的三界內，這本身就是「二乘」的境界，就是陰陽對立的，於是有了對稱性、對立性、消長性、轉化性，就會出現平衡與不平衡；有陰陽就有四象（即四季），身體就由地、水、火、風四大和合而成，並在相互作用之下，就有平衡與不平衡、協調與不協調，平衡及協調，身體呈現就是健康的狀態；不協調、不平衡時，身體呈現的就是不健康，就是生病狀態，其實這些都是心的一種投射而已。

對佛的清淨法身來講，是圓滿的，因此不落入二乘的三界九有之數，也就不可能得病！佛祖會呈現出身體得病狀態，對於如來來講，只是一種眾生形態的呈現，這個叫「示現」。

佛救度眾生用同事攝以行方便法門

至於為什麼佛要救渡眾生，應該表現出其非常健康，而且長壽無比，眾生才會更加信佛祖？所以沒病還是有病？如何救度眾生呢？所謂的大慈大悲，救苦救

難，作為佛菩薩來講應該如何做？

　　要知道，佛菩薩救度眾生，並不是一定要表現出來，讓眾生一看到的都是光輝亮麗，都是偉大圓滿，然後飄在空中好像神通廣大，又或者被佛的神通所震懾，然後眾生雖然拜佛信佛，但是會對佛敬而遠之，甚至會覺著佛和我（即眾生）的距離非常遠，不覺得自己能修成佛，反而讓眾生對佛有一種崇敬而敬畏的距離感，久而久之就變成了一種迷信——天天拜佛，覺得佛能保佑我——但這不是佛救度眾生的方式。

　　佛救度眾生都做什麼呢？同體大悲，主要是用四攝，也就是以布施、愛語、利行、同事等四種方法來攝受眾生。而「同事攝」意思就是什麼？就是佛得跟一般人沒兩樣，這時候眾生就很容易跟佛接近，並在這過程中，眾生就會受佛言傳身教的潛移默化影響。

　　由於印度有種姓制度，是社會上一道不可逾越的鴻溝。低賤的種姓，只能仰視地位高的種姓，卻連話都說不上，因為社會地位高的種姓是不可能去教導或影響社會地位低的種姓。但是佛本身連國王及貴族們都投以五體投地的崇拜，更何況那些賤民離佛不就更遠了嗎？所以佛要怎樣才能真正教化眾生？運用的就是「同事攝」——佛化身跟大家一樣，都有愛恨情仇、身體病

痛、面對死亡等等，以此接近眾生。像是印度加爾各答德蕾莎修女，雖然信仰基督教，拜的是上帝，但是其做法真的跟佛菩薩很接近。

　　德蕾莎修女看到這些印度最底層賤民，包括在教堂及寺廟外面乞討的流浪漢、乞丐們生活特別的辛苦，每天靠一點施捨來活命，得病以後更沒有人救治他們，特別悲慘，也特別可憐。德蕾莎修女就想幫助他們，一開始先讓他們來教會。但流浪漢、乞丐不敢，因為那個地方是很聖潔乾淨，自己穿著破破爛爛，身體有惡臭，甚至還有重病，所以不敢進去教堂或教會，而且看見德蕾莎修女，覺得就像天使一樣，自己更不能玷汙了天使。於是德蕾莎修女為了接近這些流浪漢或乞丐，就穿有補丁的衣服，一看那些流浪漢都穿不起鞋子，光著腳赤足，從此以後德蕾莎修女也不穿鞋了，完全表現出「我跟你們是一樣的」的訊息及行為，就這樣，這些流浪漢及乞丐就敢接近德蕾莎修女，不覺得她高高在上。之後，德蕾莎修女就把這些流浪漢們接到修道院裡照顧他們，給他們臨終關懷，讓他們安詳地走，甚至在沒有做防護措施之下給他們治病，但是德蕾莎修女一生也從沒感染過傳染病之類的，這就是前面講的佛菩薩「身無病」的概念。

闡述佛菩薩經常化身眾生應世

這裡，阿難和佛祖這段——佛祖為什麼要有意告訴阿難到大戶人家化點牛奶？其實佛的本意就是要讓阿難廣為告知眾生：「我，佛祖也是人，我跟你們是一樣的，我也會得病，跟你也會得病一樣。」如此一來，讓大家心裡放下距離感，認為佛祖原來跟一般人是一樣的，也是人，也是普通人，雖然佛祖比較有智慧，但這一下就拉平了，大家就敢來見佛，向他來學智慧，這就叫「同事攝」，也是佛菩薩大慈大悲，同體大悲的一種呈現——要以眾生親近，然後才能行方便法門，才能接引眾生走上佛道。

這在現實中，我們要傳播佛法時也一樣，不要與眾不同、高高在上，就好像我比你們強多了、我比較圓滿、我不能犯錯誤、我也不能得病、我必須得長壽、我必須得健康、我必須得善、我必須如何如何……若道者如此，眾生就會離你更遠了；想救度眾生，眾生連機會都不會給你。又或許他會給你捧得高高的，然後去拜你，但是他不會親近你；他會希望你保佑他，但他不會向你來學習，因為他覺得他永遠都達不到你的高度，也就不會來向你學習了。你想轉變他也不太可能，最後就

發展成崇拜迷信，也就脫離了佛菩薩度化眾生的本願。

　　所以想在人間傳道要記住一點：你是人，必須變成跟眾生一樣的人，然後才能潛移默化地影響眾生，就像這些佛菩薩經常化身眾生應世，例如觀世音菩薩有時候還化身強盜、化身搶劫犯、化身殺人犯的樣子，以此來救度眾生。換句話說，想要救度哪一類眾生，就得化成哪一類。這一段是，佛將自己得病的因緣告知，也解開了阿難及眾生的困惑。

　　所以說，佛到底是得病？還是沒得病呢？

　　其實佛不可能得病，但是他又示現出來他得病的狀態。就像釋迦牟尼佛在八十歲的時候，還是偶感風寒，甚至得病離世，這不就跟普通人是一樣的嗎？所以讓眾生覺得更加親切了，也就不會把他當神仙了。

　　至於佛病了到底要不要喝牛奶？為什麼還要透過空中的聲音跟阿難說：「你把牛乳拿過來吧。」這是要讓阿難不要去執著於這個「相」──如果阿難知道了佛有病了，心裡面反而更擔憂，然後用這擔憂的心到外面乞食牛乳，是不對的，屬小乘教義。

　　因此維摩詰居士才會斥責阿難怎能替師尊擔憂呢？而不是斥責阿難到外面為佛祖拿牛乳。

　　維摩詰居士斥責阿難真以為佛祖得病了，而不知

道佛祖示現得病的真實教義，就去挨家挨戶求取乞討牛乳，導致誤解。要知道，若阿難能知道釋迦牟尼佛祖生病的本意，讓大家都知道佛祖是普通人，才能行方便法將佛法傳授給眾生。所以維摩詰到最後也沒說阿難不應該取牛乳，而是說阿難不能不明佛祖真實教義而去乞討。這兩者中間並不矛盾，也是維摩詰居士斥責阿難闡述的是這個道理，千萬要搞清楚！阿難乞討牛乳這個行為本身沒問題，而他錯解真義才是問題所在。

大小乘佛法具有承上啟下的階段

【世尊！維摩詰智慧、辯才為若此也，是故不任詣彼問疾】這意思是「我實在是汗顏，所以說我沒法領任務去問候維摩詰居士。」

【如是五百大弟子，各各向佛說其本緣，稱述維摩詰所言，皆曰不任詣彼問疾】這裡說明了佛祖座下最具代表的十大弟子，都詳細說明自己為何不能承擔向維摩詰問疾的任務。每個弟子都說出自己往昔受維摩詰斥責的原因，所以都說不敢去問疾。

「五百弟子」指的就是五百證得阿羅漢果的弟子，也就是說小乘教義已經修到一個很高境界——就是

得了阿羅漢的果位。而這樣的人都不敢去問疾維摩詰，這說明什麼呢？即佛在這裡想要破除小乘的教法，讓這些弟子們再昇華，因此這個第三品叫「弟子品」，主要針對聲聞乘已經得到阿羅漢果，但仍處於二乘境界，還沒破徹底，無法上升至「破法執」的概念。

　　第三品就是小乘佛法與大乘教義在承上啟下的一個階段。而《維摩詰經》在後面將會闡述如何破小乘佛法，如何立大乘教義的觀念，以及如何修大乘佛法等。

解密維摩詰經的大乘佛法實踐道 ❷
——從弟子品看小乘到大乘的修行方法

作者／范明公
主編／明心
出版贊助／徐麗珍
文字編輯／魏賓千、張華承
執行編輯／李寶怡
封面及版型設計／廖又頤
美術編輯／廖又頤
企畫選書人／賈俊國

總編輯／賈俊國
副總編輯／蘇士尹
編輯／高懿萩
行銷企畫／張莉榮、蕭羽猜、黃欣

發 行 人／何飛鵬
法 律 顧 問／元禾法律事務所王子文律師
出 版／布克文化出版事業部
　　　　　　台北市中山區民生東路二段 141 號 8 樓
　　　　　　電話：(02)2500-7008　傳真：(02)2502-7676
　　　　　　Email：sbooker.service@cite.com.tw
發 行／英屬蓋曼群島商家庭傳媒股份有限公司城邦分公司
　　　　　　台北市中山區民生東路二段 141 號 2 樓
　　　　　　書虫客服服務專線：(02)2500-7718；2500-7719
　　　　　　24 小時傳真專線：(02)2500-1990；2500-1991
　　　　　　劃撥帳號：19863813；戶名：書虫股份有限公司
　　　　　　讀者服務信箱：service@readingclub.com.tw
香港發行所／城邦(香港)出版集團有限公司
　　　　　　香港灣仔駱克道 193 號東超商業中心 1 樓
　　　　　　電話：+852-2508-6231　　傳真：+852-2578-9337
　　　　　　Email：hkcite@biznetvigator.com
馬新發行所／城邦(馬新)出版集團 Cité (M) Sdn. Bhd.
　　　　　　41, Jalan Radin Anum, Bandar Baru Sri Petaling,
　　　　　　57000 Kuala Lumpur, Malaysia
　　　　　　電話：+603- 9057-8822　　傳真：+603- 9057-6622
　　　　　　Email：cite@cite.com.my
印 刷／韋懋實業有限公司
初 版／2022 年 01 月
定 價／新台幣 380 元
ISBN ／ 978-986-0796-42-1(平裝)
EISBN ／ 978-986-0796-44-5 (EPUB)